과학 수사 ❷
초등 교과서
과학 실험

과학 수사 ❷

초등 교과서 과학 실험

국립과천과학관
이영주·조현진·한도욱 지음

상상아카데미

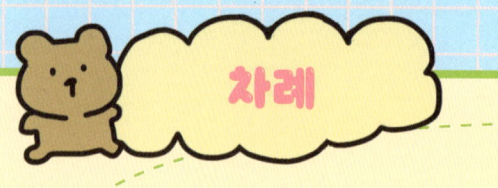

들어가기 전에 / 8

1. 과학 수사란 무엇인가? 10
2. 어떻게 증거를 찾아낼까? 16

1부 족적을 찾아라 / 20

1. 현장에 남겨진 흔적을 찾아라 22

   [두근두근! 실제 현장을 잡아라!] 족적으로 범인을 잡은 심슨 사건 34

2. 암석이 말하는 진실 36

   [두근두근! 실제 현장을 잡아라!] 흙으로 찾은 범인 51

3. 흔적은 범인을 알고 있다 52

   [체험 활동] 나의 족적 관찰하기 63

   [두근두근! 실제 현장을 잡아라!] 걸음걸이로 범인을 잡다 66

4. 숨어 있는 증거를 찾아라 68

2부 법생물 / 76

1. 식물이 알려 준 범인　78
[체험 활동] 누름꽃 책갈피 만들기　90

[두근두근! 실제 현장을 잡아라!] 식물이 알려 준 유기 장소　95

2. 곤충이 밝힌 진실　96
[체험 활동] 배추흰나비 한살이 관찰　105

[두근두근! 실제 현장을 잡아라!] 13세기에도 사건 해결에 도움을 준 파리/
집주인의 억울함을 밝혀 준 곤충　109

3부 핏자국은 말을 한다 / 110

1. 혈흔이 남긴 진실　112
[체험 활동] 혈액이 아닌 빨간 색소물이 떨어지면 어떤 모습일까?　123

[두근두근! 실제 현장을 잡아라!] 이태원 살인 사건　127

2. 주장을 뒤집은 핏자국　128
[두근두근! 실제 현장을 잡아라!] 혈흔 분석으로 해결한 최초의 사건,
사주리 사건　143

이 책의 구성과 특징

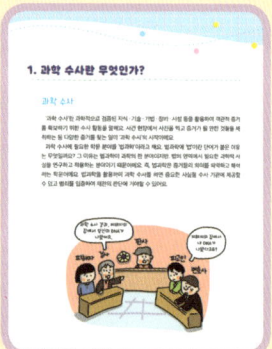

본격적인 수사에 들어가기에 앞서 과학 수사란 무엇인지를 먼저 알아봐야겠죠? 과학 수사란 무엇인지, 어떻게 증거를 찾아내는지 파악할 수 있도록 구성했어요.

사건의 핵심 개념과 함께 교과 연계를 확인할 수 있어요.

과학 수사의 핵심은 실험! 실험 목표를 확인해 보세요.

이번에는 하니가 어떤 사건을 맡게 되었는지 만화로 확인하세요!

사건 해결을 위해서 용의자를 찾는 것은 중요해요. 용의자의 특징을 확인하세요.

실험 목표와 준비물, 그리고 유의해야 할 점을 알 수 있어요.

어려운 용어는 '어휘'를 통해 확인하세요.

과학 수사를 위한
실험 방법이에요.
차근차근 따라서
실험해 보세요.

실험 결과를 분석하
여 사건을 마무리할
수 있어요. 곧 범인
을 찾을 수 있겠죠?

실험 결과를 스스로
정리해 보세요.

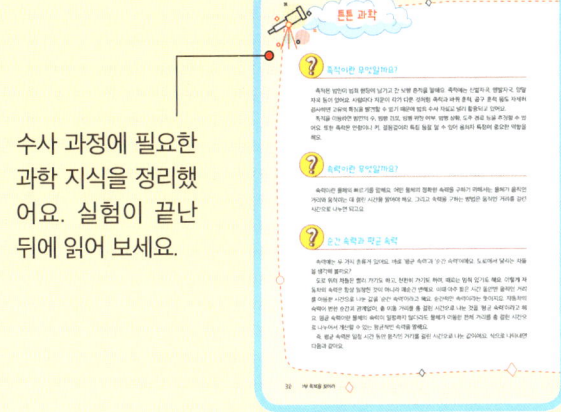

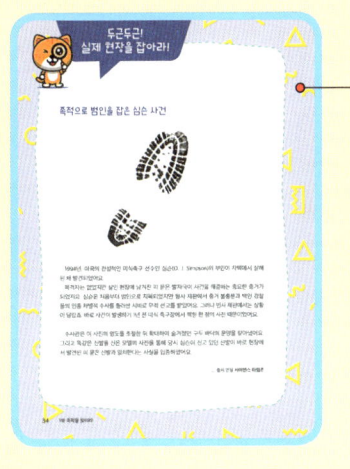

수사 과정에 필요한
과학 지식을 정리했
어요. 실험이 끝난
뒤에 읽어 보세요.

우리가 체험한 과학
수사 기법을 활용해
실제 사건을 해결한
현장을 정리했어요.

국립과천과학관 선생님들의 실험 관련 영상은 본문에 있는 QR 코드를
이용하여 확인할 수 있어요.

들어가기 전에

1. 과학 수사란 무엇인가?
2. 어떻게 증거를 찾아낼까?

1. 과학 수사란 무엇인가?

과학 수사

'과학 수사'란 과학적으로 검증된 지식·기술·기법·장비·시설 등을 활용하여 객관적 증거를 확보하기 위한 수사 활동을 말해요. 사건 현장에서 사진을 찍고 증거가 될 만한 것들을 채취하는 등 다양한 증거를 찾는 일이 '과학 수사'의 시작이에요.

과학 수사에 필요한 학문 분야를 '법과학'이라고 해요. 법과학에 '법'이란 단어가 붙은 이유는 무엇일까요? 그 이유는 법과학이 과학의 한 분야이지만, 법의 영역에서 필요한 과학적 사실을 연구하고 적용하는 분야이기 때문이에요. 즉, 법과학은 증거들의 의미를 파악하고 해석하는 학문이에요. 법과학을 활용하여 과학 수사를 하면 중요한 사실을 수사 기관에 제공할 수 있고 범죄를 입증하여 재판의 판단에 기여할 수 있어요.

과학 수사의 시작

역사적인 내용을 다룬 드라마나 영화를 보면 거짓으로 자백하게 만들거나, 엉뚱한 이유로 죄 없는 사람을 범인으로 몰고 가기도 해요. 그렇다면 옛날에는 현대의 드라마나 영화처럼 멋지게 억울함을 풀어 주는 일은 전혀 없었을까요?

물론 지금처럼 현대적인 지식과 기술력으로 수사를 하지는 못하였지만, 옛날에도 나름의 과학 수사를 위한 노력이 있었어요. 옛날에는 주로 죽은 사람의 사망 이유를 밝히는 것에 초점을 두었어요. 즉, '검시*'를 하는 것이 역사적으로 과학 수사의 시작이라고 할 수 있어요.

과거 과학 수사의 기록

기록에 따르면 1247년에 중국 송나라의 송자가 집필한 《세원집록》이라는 책에서 검시에 대한 기록이 최초로 발견되었다고 해요.

우리나라의 경우 조선 시대의 기록에서 검시에 대한 내용을 찾아볼 수 있어요. 1440년에 중국의 검시 관련 책인 《무원록》에 낱말이나 문장의 뜻을 쉽게 풀이한 주석을 달아서 새로 《신주무원록》이라는 책으로 출판하였어요. 그리고 《신주무원록》에서 애매하고 잘못된 점이

증수무원록언해

*검시 범죄나 사고에 의한 사망인지 판단하기 위해 시체를 검사하는 것. 검시에는 시체를 손상시키지 않는 검사인 검안과 시체를 해부하여 검사하는 부검이 있음.

나 부족한 내용을 실전의 경험을 통해 고치고 보완하여 펴낸 것이 《증수무원록》과 《증수무원록대전》이에요.

또한 《증수무원록대전》의 한문을 한글로 풀어서 쓴 《증수무원록언해》도 있어요. 《증수무원록언해》는 조선 말기까지 살인 사건의 지침서로서 의학, 법률과 같이 적용되었다고 해요. 그러나 계속되는 검시 방법의 발전으로 시체의 사망 원인을 밝히는 기술은 점점 좋아졌지만 검시만으로 범인의 흔적을 찾는 것은 한계가 있었어요.

현대 과학 수사의 시작

과거의 수사 방법이 검시를 하여 사망 원인을 밝히는 데 가장 큰 목적을 두었다면 현대의 과학 수사는 범인을 찾아내는 것에 조금 더 다가갔어요. 여러 명의 용의자 중 진짜 범인을 찾는 것이지요. 사람마다 다른 특징을 이용해서 범인을 찾아내는 방법으로 가장 오래된 것이 바로 '지문'을 분석하는 방법이에요. 지문에 대한 기록은 1600년대부터 남아 있고, 1900년대 초부터 법정에서 범죄의 증거로 채택되었어요. 그 밖에도 1900년대에는 혈액형, 미세 증거, 거짓말 탐지, 음성, DNA 등을 분석하는 방법 등이 차례로 나와 개인을 구분하는 기술이 발전하여 현대 과학 수사가 시작되었어요.

발전하는 과학 수사

오늘날 우리는 4차 산업혁명 시대를 살고 있어요. 과학 수사 분야도 이러한 영향을 받아 더욱 발전하고 있고요.

예를 들어 볼까요? 과학 수사 전문가는 가상 현실을 사용하여 훈련을 받고, 드론을 이용하여 사람이 가기 힘든 현장을 수색하고 범죄 현장을 살펴볼 수 있어요. 또한 유사한 사건 기록을 분석하거나 겹친 지문을 분리하는 기술 등에 인공지능을 도입하여 용의자를 더 빠르게 추적할 수도 있게 되었어요.

우리 사회는 점점 거대해지고 복잡해지면서 범죄 수법 또한 다양하고 교묘하게 진화하고 있어요. 단순히 몇 개의 증거나 추리만으로는 범인을 잡는 것이 어려워진 거죠. 이와 같이 나날이 교묘해지는 범죄에 맞서 과학 수사도 빠르게 발전하고 있어요.

과학 수사의 분야

과학 수사에서는 증거물을 정확하게 해석하는 것이 무엇보다 중요해요. 이를 위해 다양한 분야의 도움이 필요하죠. 과학 수사에 필요한 학문에는 법과학, 법공학, 법의학이 있어요.

여기서 과학은 자연 현상의 여러 분야에 대해 이해하려는 학문이에요. 공학은 우리가 접하는 다양한 문제를 직접 해결하려는 학문이고, 의학은 인체의 구조와 기능을 조사해서 상해나 질병 예방 및 치료에 대한 방법과 기술을 연구하는 학문이에요.

그럼 법과학, 법공학, 법의학은 무엇일까요? 과학, 공학, 의학을 기초로 하여 법률적으로 중요한 사실 관계를 연구하고 해석하는 학문이에요. 과학, 공학, 의학에도 다양한 분야가 있듯이 법과학, 법공학, 법의학에도 다양한 분야가 있어요.

법과학 분야

DNA 분석	누군지 모르는 사망자나 실종자의 신원* 확인	마약, 약품, 식품 등의 독성 분석	동물, 식물, 미생물 등의 종 확인	미세증거물 (유리, 페인트, 섬유, 토양 등)의 화학적 검사

법공학 분야

 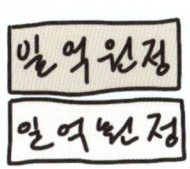   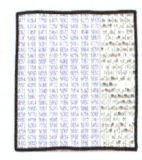

| 지문, 족적 분석 | 필적, 도장 등 문서 분석 | 영상, 음성 분석 | 화재 등의 안전사고 | 디지털 증거물의 정보 복원 및 인증 등 |

법의학 분야

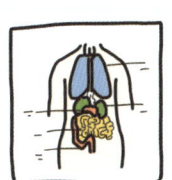    

| 검안*, 부검* | 법치의학 및 법의인류학*적 분석 | 인체 관련 다양한 증거물의 법의학적 판단 | 거짓말 탐지 | 몽타주, 범죄분석* 등 |

* **신원** 개인과 관련된 주소, 이름, 직업 등의 자료
* **검안** 사망 원인을 확인하기 위해 시체를 손상시키지 않고 의학적으로 검사하는 일
* **부검** 검안으로 사망 원인을 판단하기 힘들 때 사망 원인을 확인하기 위해 시체를 해부하여 검사하는 일
* **법의인류학** 뼈를 분석하여 사망한 사람의 사망 원인, 성별, 키, 나이 등을 밝히는 학문
* **범죄분석** 범죄 환경 및 동기, 범죄 행동, 범죄 예방 방법 등을 연구하는 일

2. 어떻게 증거를 찾아낼까?

과학 수사 진행 과정

사건이 발생하면 과학 수사관들은 어떤 일들을 할까요?

증거물 수집
- 생물학적 증거 지문, 혈액, 머리카락 등
- 물리학적 증거 발자국, 바퀴자국 등
- 미세 증거 유리, 섬유, 페인트 조각, 흙 등

현장 보존
- 경찰 통제신 설치
- 출입 시 보호구 착용

1. 현장 보존

피해자가 부상을 당했거나 도움이 필요한 경우 최대한 사건 현장이 훼손되지 않도록 하며 조치를 취해야 해요. 그리고 사건 현장을 보존하기 위해 경찰 통제선을 설치하여 수사와 관계없는 사람들의 출입을 막아요. 영화나 드라마에서 노란색 띠를 둘러놓은 장면을 본 적이 있을 거예요. 노란색 띠가 바로 경찰 통제선이에요.

수사를 위해 경찰 통제선 안쪽 사건 현장에 들어갈 때에는 보호구를 착용해야 해요. 그리고 바닥에 통행판을 설치하여 필요하면 그 위를 밟고 다니게 함으로써 현장에 남아 있을지 모를 족적 등이 훼손되지 않도록 해요. 또 현장을 조사하는 동안 주변에 쓰레기를 버리거나 현장에 있는 물품 등을 사용해서는 안 돼요.

2. 현장 관찰 및 기록

과학 수사관은 사건에 대해 꼼꼼히 기록해야 해요. 처음 신고를 받고 출동한 경찰관을 통해 들은 진술과 직접 사건 현장을 관찰한 것을 자세히 기록으로 남겨야 해요. 또 현장 도착 시각과 날씨, 사건 현장과 주변의 상황, 증거 수집 절차, 감식 종료 시각 등도 기록해요.

3. 증거물 수집

과학 수사관들은 사건 현장을 살피며 증거물들을 꼼꼼히 수집해요. 사건 현장에서 발견할 수 있는 증거물에는 지문, 혈액, 머리카락 같은 생물학적 증거물과 발자국, 바퀴 자국 같은 물리학적 증거물, 유리, 섬유, 페인트 조각, 흙과 같은 미세 증거물 등이 있어요. 이러한 증거물은 원래의 모습을 최대한 유지할 수 있도록 적절한 방법을 이용해 수집해요.

그리고 증거물을 잘 보존할 수 있는 형태로 포장해서 수집 장소와 수사관의 이름을 적은 후 운반해요. 또한 증거물 발견 당시의 상태와 수집 후 현장의 상황을 촬영해 두어요. 수집된 증거물을 경찰청 과학 수사대에서 자체 분석하거나 국립 과학 수사 연구원에 의뢰하기도 해요.

4. 현장 감식 결과 보고서 작성

과학 수사관이 사건 현장에 출동하여 현장을 보존하고 관찰, 증거물 수집, 기록을 통해 사건 해결의 실마리를 찾아 나가는 과정을 현장 감식이라고 해요. 과학 수사관은 현장 감식 후 '현장 감식 결과 보고서'를 작성해요. 그리고 이 내용을 '과학적 범죄 분석 시스템(SCAS)'에 입력하여 수사를 맡은 경찰관이 확인할 수 있도록 해요.

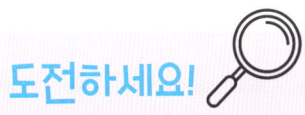

도전하세요!

이 책을 읽고 지금 바로 과학 수사에 도전해 보세요!

족적을 찾아라

1. 현장에 남겨진 흔적을 찾아라
2. 암석이 말하는 진실
3. 흔적은 범인을 알고 있다
4. 숨어 있는 증거를 찾아라

현장에 남겨진 흔적을 찾아라

핵심 개념 족적, 속력
연계 교과 초등 과학 5학년 2학기 4. 물체의 운동

> **실험 목표**
> 1. 접촉하는 면에 남는 흔적인 족적과 윤적을 이해할 수 있다.
> 2. 족적을 더 선명하게 관찰하는 방법을 알 수 있다.
> 3. 평균 속력을 구할 수 있다.

사건 열기

1 수사 과정
족적을 채취하라!

자연사관 입구 앞에 신발 자국이 있네요. 어젯밤 과학관 경비원 다지켜 씨가 자연사관 근처에서 세 사람을 봤다고 하니 이 세 사람이 어제 신은 신발을 조사해 봐야겠어요.

용의자 1 김과천 씨
자연사관에 갔었지만, 이구아나 근처에는 안 갔어요.

용의자 2 한자연 씨
저는 어제까지 천체투영관에서 근무했어요.

용의자 3 이과학 씨
저는 자연사관에 들어간 적이 없어요.

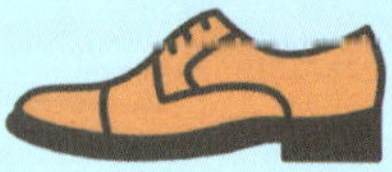

" 직원 세 명은 각각 다른 신발을 신고 있었어요. 김과천 씨는 굽이 있는 갈색 정장용 구두를 신었고, 한자연 씨는 굽이 좁고 높은 빨간색 여성용 하이힐을 신었어요. 이과학 씨는 바닥에 촘촘한 무늬가 있는 파란색 운동화를 신었어요. 신발이 다르니 발자국 모양도 다 다를 거예요. 현장에 남은 발자국인 족적을 채취하면 범인을 찾을 수 있지 않을까요? "

 백색등을 이용하여 현장에 남겨진 발자국 증거(족적)를 찾는 방법을 알 수 있다.

앗! 잠깐

1. 바닥이 깨끗한 새 신발을 사용하면 족적이 잘 보이지 않아요. 흙이나 먼지가 묻어 있는 신었던 신발을 사용하세요!
2. 백색등을 비출 때는 조명을 다 끄고 커튼을 이용해 실내를 최대한 어둡게 만들어 주세요. 어두우면 어두울수록 잘 관찰할 수 있어요.

 *루페 사람의 눈으로 보기 어려운 물체를 확대해 볼 수 있도록 만든 렌즈예요. 정밀한 작업을 할 때 쓰이며, 배율이 4~20배인 것이 주로 쓰여요.

 이렇게 하세요

 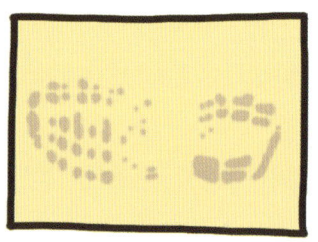 

1. 신발을 신고 장판이나 바닥에 신발 자국을 찍어 보세요.
2. 신발 자국이 찍힌 곳을 확인하고 눈으로 관찰해 보세요.
3. 실내 환경을 어둡게 만든 후에 백색등의 각도를 낮게 하여 족적을 비추어 보세요. 또, 루페를 이용해서 족적의 문양을 더 자세하게 관찰해 보세요.

어떤 결과가 나왔나요?

1. 신발 바닥 부분에 있던 흙이나 먼지가 바닥 부분에 묻으면서 족적이 만들어져요.
2. 밝은 곳에서 눈으로 보는 족적보다 깜깜한 곳에서 백색등으로 비춘 족적이 더 잘 보여요.
3. 관찰한 족적의 모양과 실제 신발 바닥의 모양을 비교하면 신발의 종류를 맞출 수 있어요. 모양을 관찰하여 그려 보세요.

먼지로 만들어진 족적의 모양	진짜 신발 바닥의 모양

사건을 마무리해 볼까요?

야호! 드디어 범인을 찾았어요. 과학관 직원 세 명의 신발에서 족적을 조사하였더니 다음과 같이 나타났어요.

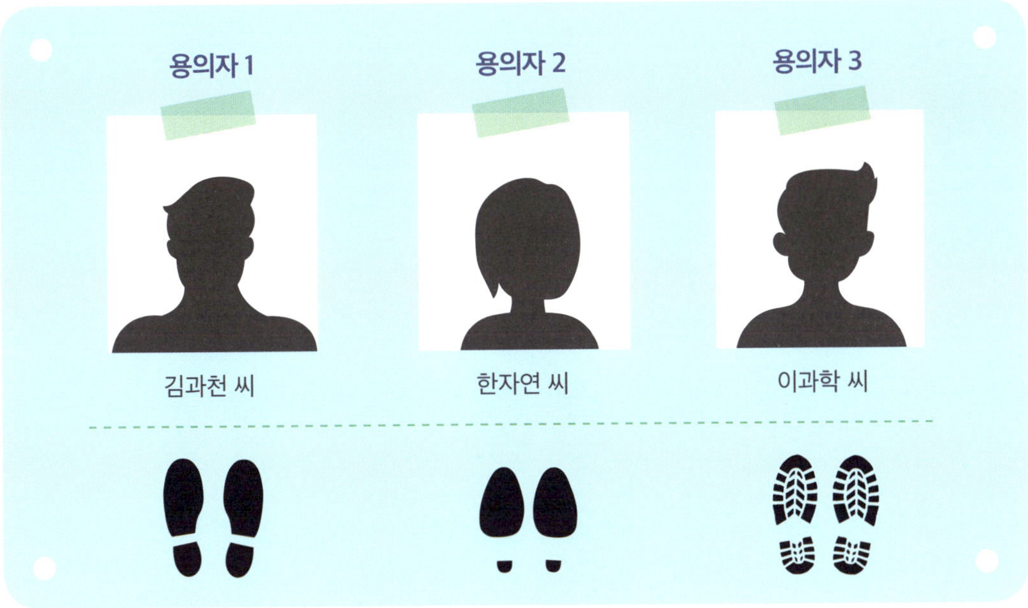

용의자 1	용의자 2	용의자 3
김과천 씨	한자연 씨	이과학 씨

저는 자연사관에 들어간 적이 없어요!

채취한 족적 중에서 자연사관 이구아나 우리 옆에서 발견된 족적과 일치하는 신발의 주인은 바로 '이과학' 씨예요! 이과학 씨는 자연사관에 들어간 적이 없다고 거짓말하였지만 족적이 이과학 씨와 일치해요! 뭐라고요? 이과학 씨가 자신은 범인이 아니라고 한다고요? 발자국만 났을 뿐 자신은 범인이 아니라고 한다고요? 어떡하죠? 여기에서 포기할 수는 없죠! 다른 증거를 더 찾아야겠어요.

1. 현장에 남겨진 흔적을 찾아라

2 수사 과정
윤적(바퀴 자국)을 이용하여 범인을 찾아라!

나, 명탐정 하니가 이대로 물러설 수는 없죠? 현장에는 족적 외에 단서가 하나 더 남아 있었어요. 바로 타이어 자국이죠.

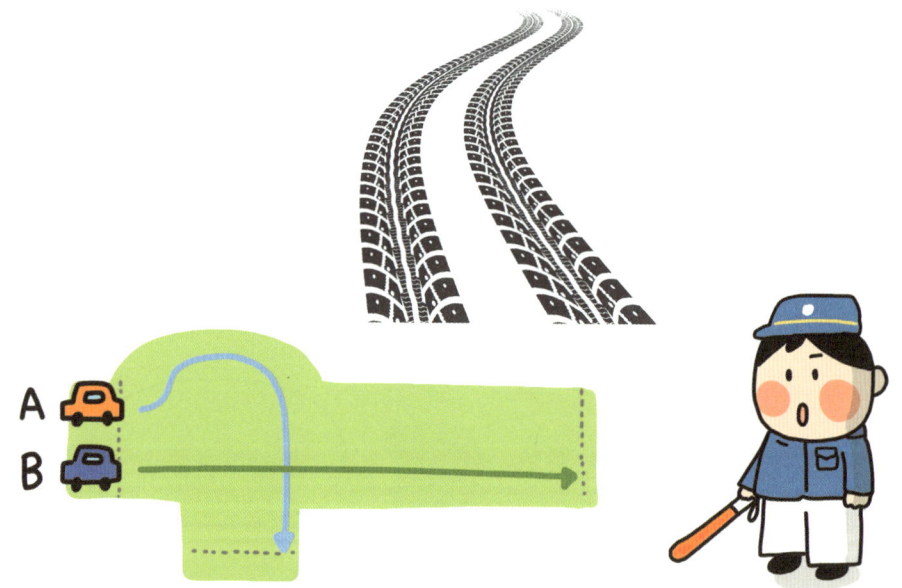

자연사관의 이구아나가 사라졌던 지난 밤! 과학관 경비원 다지켜 씨는 순찰을 하던 중 '쌩'하는 자동차 소리에 놀랐어요. 주위를 둘러보았지만 자동차는 보이지 않았어요. 대신 선명한 바퀴 자국 두 종류만 남아 있었지요. CCTV를 확인해 보니 A 자동차와 B 자동차가 찍혀 있었는데, 어떤 차가 과학관 제한 속도인 시속 30 km를 넘었는지 알 수 없었어요. 제한 속도를 위반하고 도망간 차가 이구아나를 훔친 범인일 것 같은데 말이에요. A 자동차는 30분 동안 10 km를 움직였고, B 자동차는 20분 동안 15 km를 움직였어요. 어떤 차가 제한 속도를 위반했을까요?

 바퀴 자국 수사로 범인을 찾아보고, 장난감 자동차를 이용하여 평균 속도를 구할 수 있다.

 앗! 잠깐

1. 자동차 바퀴에 잉크를 묻힐 때는 바퀴의 모든 부분에 잉크가 골고루 묻을 수 있게 바퀴를 움직여 주세요.
2. 전지 같은 큰 종이를 이용하면 자동차가 움직인 거리를 더 길게 측정할 수 있어요.

[1] 바퀴 자국의 확인

1. 장난감 자동차 바퀴에 스탬프를 찍어 주세요.
2. 전지 또는 큰 종이 위에 스탬프를 찍은 바퀴를 굴리면서 자국을 남겨 주세요.
3. 다른 장난감 자동차로도 자국을 남겨 보고, 각 타이어 자국을 비교해 보세요.

[2] 평균 속도 구하기

* 두 명이 한 조를 이루어 실험하세요.
1. 장난감 자동차 바퀴에 스탬프를 찍어 주세요.
2. 한 명은 종이 위에 자동차를 굴려 움직이고, 다른 한 명은 스톱워치를 준비해서 출발선에서 도착선까지 자동차가 움직인 시간을 측정하세요.
3. 출발선부터 도착선까지 타이어 자국을 따라 실을 놓아 주세요.
4. 이동 거리가 길어서 실을 고정할 필요가 있을 경우, 테이프로 고정해 주세요.
5. 이동 거리를 알기 위해 줄자로 실의 길이를 재어 주세요.
6. $\frac{\text{이동 거리}}{\text{걸린 시간}}$ 가 평균 속력이라는 것을 이용하여 자동차의 평균 속력을 계산해 보세요.

1. 장난감 자동차의 바퀴 자국으로 어떤 자동차가 과학관 앞을 지나갔는지 맞출 수 있어요.
2. 서로 다른 경로로 지나간 자동차라도 평균 속력을 계산하여 비교할 수 있어요.

- 자동차가 움직인 거리 _____ cm
- 자동차가 움직인 시간 _____ 초(s)
- 자동차의 평균 속력 $\dfrac{_____\ \text{cm}}{_____\ \text{s}}$ = _____ cm/s

(초 = s, 분 = min, 시간 = h로 나타내요.)

- 이구아나가 사라졌던 밤, 남아 있는 자동차 바퀴 자국은 두 종류였어요. 자동차의 바퀴 자국을 따라가면 자동차가 움직인 거리를 측정할 수 있어요.

평균 속력 = $\dfrac{\text{이동 거리}}{\text{걸린 시간}}$ 를 이용하여 속력을 구해 보면, 다음과 같아요.

A 자동차는 $\dfrac{\text{이동 거리}}{\text{걸린 시간}} = \dfrac{10\ \text{km}}{30\text{분}} = \dfrac{10\ \text{km}}{\frac{1}{2}\text{시간}} = \dfrac{20\ \text{km}}{1\text{시간(h)}} = 20\ \text{km/h}$

B 자동차는 $\dfrac{\text{이동 거리}}{\text{걸린 시간}} = \dfrac{15\ \text{km}}{20\text{분}} = \dfrac{15\ \text{km}}{\frac{1}{3}\text{시간}} = \dfrac{45\ \text{km}}{1\text{시간(h)}} = 45\ \text{km/h}$

- 제한 속도를 넘어서 과속한 차는 바로 **파란색 B 자동차**예요!

자동차의 주인을 찾아본 결과 파란색 B 자동차의 주인은 이과학 씨로 밝혀졌어요.
이과학 씨에게 발자국 이야기와 함께 과속한 이유를 캐묻자, 자신이 이구아나를 데려갔다며 잘못을 인정하였어요.
오늘도 하니의 과학 수사 성공!

튼튼 과학

❓ 족적이란 무엇일까요?

족적은 범인이 범죄 현장에 남기고 간 보행 흔적을 말해요. 족적에는 신발자국, 맨발자국, 양말자국 등이 있어요. 사람마다 지문이 각기 다른 것처럼 족적과 바퀴 흔적, 공구 흔적 등도 자세히 검사하면 고유의 특징을 발견할 수 있기 때문에 범죄 수사 자료로 널리 활용되고 있어요.

족적을 이용하면 범인의 수, 범행 경로, 범행 위장 여부, 범행 상황, 도주 경로 등을 추정할 수 있어요. 또한 족적은 연령이나 키, 걸음걸이의 특징 등을 알 수 있어 용의자 특정에 중요한 역할을 해요.

❓ 속력이란 무엇일까요?

속력이란 물체의 빠르기를 말해요. 어떤 물체의 정확한 속력을 구하기 위해서는 물체가 움직인 거리와 움직이는 데 걸린 시간을 알아야 해요. 그리고 속력을 구하는 방법은 움직인 거리를 걸린 시간으로 나누면 되고요.

❓ 순간 속력과 평균 속력

속력에는 두 가지 종류가 있어요. 바로 '평균 속력'과 '순간 속력'이에요. 도로에서 달리는 차들을 생각해 볼까요?

도로 위의 차들은 빨리 가기도 하고, 천천히 가기도 하며, 때로는 멈춰 있기도 해요. 이렇게 자동차의 속력은 항상 일정한 것이 아니라 매순간 변해요. 이때 아주 짧은 시간 동안만 움직인 거리를 이동한 시간으로 나눈 값을 '순간 속력'이라고 해요. 순간적인 속력이라는 뜻이지요. 자동차의 속력이 변한 순간과 관계없이, 총 이동 거리를 총 걸린 시간으로 나눈 것을 '평균 속력'이라고 해요. 평균 속력이란 물체의 속력이 일정하지 않더라도 물체가 이동한 전체 거리를 총 걸린 시간으로 나누어서 계산할 수 있는 평균적인 속력을 말해요.

즉, 평균 속력은 일정 시간 동안 움직인 거리를 걸린 시간으로 나눈 값이에요. 식으로 나타내면 다음과 같아요.

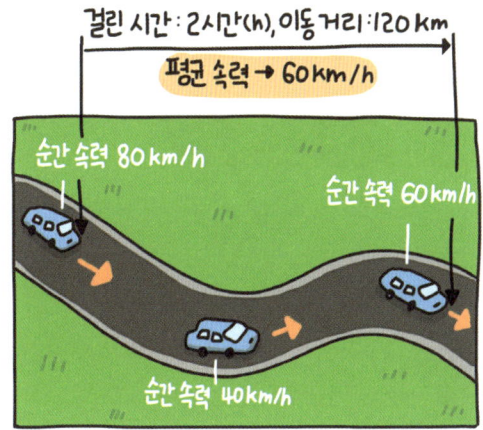

여기서 잠깐! 자동차 계기판에서 확인할 수 있는 속력은 순간 속력과 평균 속력 중 무엇을 의미할까요? 바로 순간 속력이에요. 순간 속력이 바뀔 때마다 계기판의 숫자가 계속 바뀌는 것이에요.

 단위가 다른 속력은 어떻게 비교할까요?

단위가 다른 속력의 크기를 비교할 때에는 단위를 하나로 통일하여 나타낸 뒤 크기를 비교해요.

1. 단위 환산하기
   - 1 km = 1000 m, 1 m = 100 cm
   - 1 h = 60 min = 3600 s (1시간 = 60분 = 3600초)
2. km/h를 m/s 단위로 환산하기

   $$36 \text{ km/h} = \frac{36 \text{ km}}{1 \text{ h}} = \frac{36000 \text{ m}}{3600 \text{ s}} = 10 \text{ m/s}$$

1. 현장에 남겨진 흔적을 찾아라

두근두근! 실제 현장을 잡아라!

족적으로 범인을 잡은 심슨 사건

1994년, 미국의 전설적인 미식축구 선수인 심슨(O. J. Simpson)의 부인이 자택에서 살해된 채 발견되었어요.

목격자는 없었지만 살인 현장에 남겨진 피 묻은 발자국이 사건을 해결하는 중요한 증거가 되었지요. 심슨은 처음부터 범인으로 지목되었지만 형사 재판에서 증거 불충분과 백인 경찰들의 인종 차별적 수사를 둘러싼 시비로 무죄 선고를 받았어요. 그러나 민사 재판에서는 상황이 달랐죠. 바로 사건이 발생하기 1년 전 미식 축구장에서 찍힌 한 장의 사진 때문이었어요.

수사관은 이 사진의 명도를 조절한 뒤 확대하여 숨겨졌던 구두 바닥의 문양을 찾아냈어요. 그리고 똑같은 신발을 신은 모델의 사진을 통해 당시 심슨이 신고 있던 신발이 바로 현장에서 발견된 피 묻은 신발과 일치한다는 사실을 입증하였어요.

— 출처 인용 **사이언스 타임즈**

암석이 말하는 진실

핵심 개념 암석
연계 교과 초등 과학 4학년 1학기 2. 지층과 화석 | 중학교 과학 1 1. 지권의 변화
고등학교 지구과학 Ⅱ 2. 지구 구성 물질과 자원

> **실험 목표**
> 1. 암석의 특징을 관찰하여 구별할 수 있다.
> 2. 편광 현미경을 이용하여 암석 박편을 관찰할 수 있다.

1 수사 과정
돌이 증거가 될 수 있다고?

자연사관에 공룡뼈가 사라졌다는 제보를 받고 수사 중입니다! 잠깐 신발을 관찰해 봐도 될까요? 앗! 방문객 세 명 모두의 신발 바닥에 돌이 박혀 있네요?

	용의자 1	용의자 2	용의자 3
	나최고 씨	고진실 씨	박궁금 씨
인터뷰 내용	자연사관에 있는 공룡뼈 조각이 사라졌다고요? 제가 관람할 땐 있었습니다!	멀리서 과천과학관에 관람하려고 여기까지 왔는데, 도둑으로 몰다니요? 저는 범인이 아니에요!	저는 손대지 않았다고요! 전시물을 만지면 안 된다는 건 잘 알고 있어요.
신발에서 발견된 암석			

" 공룡뼈 화석 앞에 떨어져 있던 돌은 대체로 밝은색과 어두운색이 섞여 있었어요. 좀더 자세히 관찰해서 특징을 찾아봐야겠어요. "

 족적에 있는 미세 증거인 암석을 관찰할 수 있다.

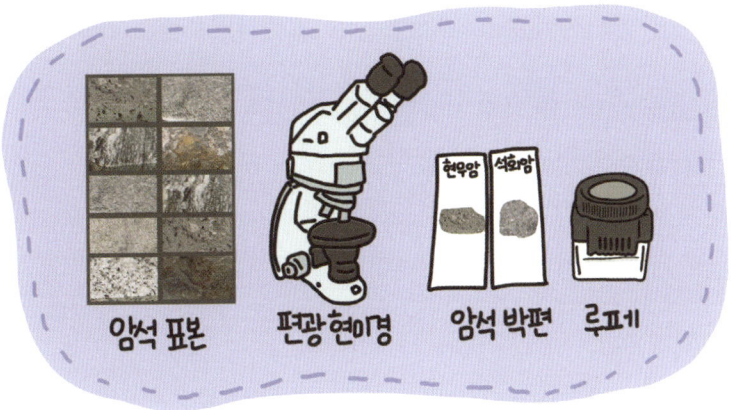

 앗! 잠깐

1. 암석 박편을 관찰할 때에는 대물렌즈를 저배율부터 고배율 순으로 돌리면서 관찰해 주세요.
2. 암석 박편은 유리로 되어 있으니 깨지지 않게 조심해서 옮겨 주세요.

2. 암석이 말하는 진실

[1] 암석 표본 관찰해 보기

1. 원하는 암석을 골라 눈으로 먼저 관찰해 보세요.
2. 루페를 이용해 암석의 특징을 더 자세하게 관찰해 보세요.

[2] 암석 박편 관찰하기

1. 편광 현미경을 진동이 없는 수평한 곳에 놓아 주세요.
2. 암석 표본을 재물대 위에 올려 주세요. 가장 저배율인 4배율 렌즈부터 이용하여 관찰하세요.
3. 현미경의 조명 스위치를 켜서 시야를 밝혀 주세요.
4. 조동 나사를 돌려 대략의 초점을 맞춰 주세요.
5. 미동 나사를 이용해 정확한 초점을 맞춰 주세요.
6. 대물렌즈는 저배율에서 관찰한 후 고배율로 돌리면서 관찰하세요.

***암석 박편** 암석을 적당한 크기로 잘라 슬라이드글라스에 붙인 후 0.02~0.03 mm 두께로 연마하여 커버글라스로 덮어 밀봉한 것을 암석 박편이라고 해요. 0.03 mm 이하의 암석 박편은 빛을 통과시키기 때문에 편광 현미경을 이용하여 암석의 여러 가지 특징을 관찰할 수 있어요.

암석 박편을 편광 현미경으로 관찰하면 암석의 조직과 형태를 자세하게 볼 수 있어요.
암석의 조직을 통해서 암석의 종류를 구분할 수 있고, 만들어진 환경을 알아낼 수 있답니다.

 **암석과 암석 박편**

여러 가지 암석의 모습

사암   현무암   화강암

석회암   역암   편마암

여러 가지 암석 박편의 모습

사암   현무암   화강암

석회암   역암   편마암

1. 여러 가지 암석의 특징을 눈으로 관찰해 보고, 그림을 그려 보세요.

암석 이름 : 현무암	암석 이름 :
암석 이름 :	암석 이름 :

2. 편광 현미경으로 암석 박편을 관찰해 보고, 관찰한 것을 그려 보세요.

암석 이름 : 화강암	암석 이름 :
암석 이름 :	암석 이름 :

편광 현미경 사용법

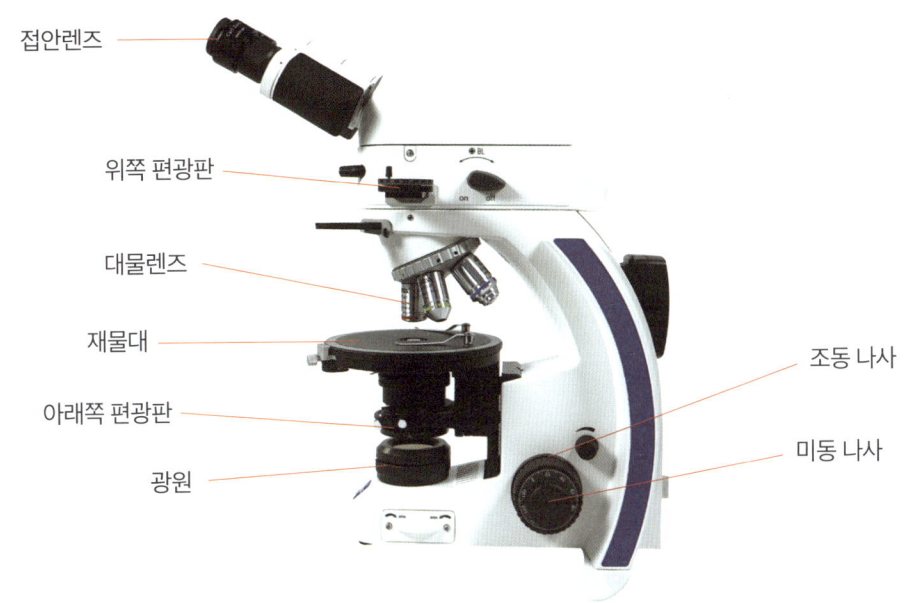

1. 전원을 켜서 광원에 불이 들어오게 한 뒤, 빛의 세기를 최소로 조절하세요.
2. 위쪽 편광판을 끼운 상태에서 접안렌즈로 관찰하여 빛이 완전히 차단되는지 확인하세요.
3. 재물대에 박편을 놓고 천천히 회전시키면서 광물을 현미경의 시야에 잘 맞춰 주세요. 중심이 맞지 않으면 조정핀을 조절하여 중심을 맞춰 주세요.
4. 상의 초점을 맞출 때는 직접 눈으로 확인하면서 대물렌즈를 박편 가까이 올리고 조동 나사를 조금씩 돌려 재물대를 내리면서 초점이 맞는지 확인하세요.
5. 광물이나 암석을 관찰할 때는 먼저 저배율로 관찰하고, 특정한 부분을 고배율로 바꾸어 관찰하세요. 배율을 높이거나 낮출 때는 대물렌즈와 접안렌즈를 교체하세요.
6. 위쪽 편광판을 뺀 상태에서 재물대를 회전시키면서 광물의 색이나 명암을 관찰하세요.
7. 위쪽 편광판을 끼운 상태에서 알록달록한 광물의 색을 관찰해 보세요.

사건을 마무리해 볼까요?

	용의자 1	용의자 2	용의자 3
	나최고 씨	고진실 씨	박궁금 씨
족적에서 나온 암석의 종류	현무암	편마암	석회암
암석의 모습			
암석의 특징	전체적으로 색깔이 어둡고 구멍이 뚫려 있어요.	밝은색과 어두운색이 줄무늬 모양으로 섞여 있어요.	밝은색과 어두운색이 섞여 있고, 알갱이의 크기는 눈으로 확인하기 어려울 만큼 작아요.

관찰해 보니, 사건 현장에서 나온 돌은 밝은색과 어두운색이 섞여 있는 것 같았어요.
고진실 씨의 신발에서 나온 암석과 박궁금 씨의 신발에서 나온 암석, 두 가지로 좁혀졌네요. 하지만 어떤 돌인지 확실하게 구별하기는 힘들어요. 다른 방법을 써야 할 것 같아요.

2 수사 과정
암석도 화학 반응을 해요

암석들을 자세히 관찰해 봤지만, 정확하게 구별할 수 없었어요. 어떡하면 좋죠? 최고야 박사님 실험실로 가져가서 더 알아봐야 겠어요.

2. 암석이 말하는 진실   45

 산과 반응하는 석회암의 특징을 관찰할 수 있다.

 앗! 잠깐

1. 반드시 안전 장비(보안경, 실험용 장갑)를 착용하고 실험을 시작해 주세요.
2. 묽은 염산은 피부에 닿거나 눈에 들어가지 않게 조심해야 해요.
3. 집에서 실험할 때에는 반드시 부모님 또는 어른들과 함께 실험하세요.
4. 환기가 잘 되는 곳에서 실험해 주세요.

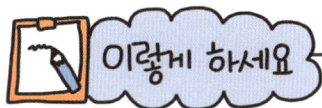 이렇게 하세요

※ 실험 전 반드시 마스크, 보안경과 실험용 장갑을 착용해 주세요.

1. 페트리 접시 위에 석회암을 올려놓으세요.
2. 스포이트를 이용하여 묽은 염산을 석회암에 떨어뜨려 보세요.
3. 석회암에서 거품이 발생하는 것을 관찰해 보세요.

 QR 코드를 찍어서 석회암과 염산의 반응을 영상으로 확인해 보세요. 암석도 화학 반응을 해요.

어떤 결과가 나왔나요?

묽은 염산을 석회암에 떨어뜨렸을 때 발생하는 거품은 이산화 탄소랍니다. 이산화 탄소가 잘 나오는지 관찰해 보세요.

사건을 마무리해 볼까요?

최고야 박사님의 실험실에서 비커에 든 묽은 염산을 석회암에 떨어뜨렸더니 거품이 생겼어요.

거품이 나는 이유는 석회암의 주성분인 탄산 칼슘이 묽은 염산과 반응하면서 이산화 탄소가 빠져나오기 때문이에요.

겉모습을 봐서는 편마암과 석회암을 구별하기 쉽지 않은데, 석회암은 묽은 염산과 반응하고, 편마암은 반응하지 않기 때문에 어떤 암석이 석회암인지 구분할 수 있어요..

석회암으로 알 수 있는 게 또 있어요. 석회암은 산호나 조개 껍데기와 같이 석회 성분을 가지고 있던 생물이 바다 밑에 퇴적되어 만들어진 것이에요. 따라서 묽은 염산으로 이 암석이 석회암이라는 것을 알아낸다면 암석을 발견한 지역이 옛날에 바닷속이었다는 것을 알 수 있는 중요한 단서가 될 거예요.

과학 수사 성공!

그렇다면 범인은 누구일까요?
증거물은 묽은 염산 용액과 반응하여 거품이 나는 석회암이었죠? 고진실 씨와 박궁금 씨의 신발에서 나온 암석에 묽은 염산을 떨어뜨리자, 박궁금 씨의 신발에서 나온 암석에서만 거품이 났어요. 박궁금 씨의 신발에서 나온 암석이 바로 석회암이었던 거죠. 진짜 범인은 바로 박궁금 씨로 밝혀졌어요!
수사 결과를 말해 주자, 박궁금 씨는 잘못을 뉘우쳤어요. 앞으로 다시는 그러지 않겠다는 약속을 하고 에드몬토사우르스의 뼈조각을 돌려주었답니다!
오늘도 하니의 과학 수사는 성공!

튼튼 과학

❓ 암석은 무엇인가요?

암석은 우리말로 돌 또는 바위(큰 돌)라고 해요. 지구의 지각은 암석으로 이루어져 있고, 암석은 생성 과정에 따라 화성암, 퇴적암, 변성암으로 나뉘어요. 암석은 만들어진 과정에 따라 생김새도 조금씩 달라요.

화성암은 화산 활동으로 인해 지표로 분출된 용암이나 지하의 마그마가 냉각되어 굳어진 암석이고, 퇴적암은 암석 부스러기나 물에 녹아 있던 광물질이 물 밑에 가라앉아 퇴적되면서 만들어진 암석이에요. 암석이 지하 깊은 곳에서 열이나 압력의 영향을 받아 원래의 암석과 성질이 다르게 변하는 경우가 있는데 이런 암석은 변성암이라고 해요.

화성암

화성암은 지구 깊은 곳에 있는 마그마가 식어서 만들어진 암석이에요. 화산암과 심성암이 여기에 속해요.

화산암은 지표로 나온 마그마가 공기와 닿아 빠르게 식으면서 만들어져요. 그래서 암석을 이루는 알갱이들이 작은 크기로 만들어지죠. 유문암, 안산암, 현무암 등이 화산암에 속해요. 이 중 특히 현무암은 색이 검고, 표면에 화산 가스가 빠져나가면서 생긴 구멍이 있기도 해요.

▲ 화강암

심성암은 지하 깊은 곳에서 마그마가 액체 상태로 오랫동안 있다가 서서히 식으면서 만들어지기 때문에 눈으로도 쉽게 알갱이를 볼 수 있어요. 화강암과 섬록암, 반려암이 심성암에 속해요. 심성암 중 화강암은 표면이 매끈하고, 색도 밝아요.

퇴적암

퇴적암은 암석 부스러기나 물에 녹아 있던 광물질이 물 밑에 가라앉아 퇴적되면서 만들어진 암석이에요. 퇴적암 중에 암석 부스러기와 같은 퇴적물을 포함하는 퇴적암을 '쇄설성 퇴적암'이라고 하는데, 이것은 다시 알갱이의 크기에 따라 여러 종류로 구분이 돼요. 자갈처럼 큰 알갱이들을 가진 퇴적암은 역암이라고 하고, 모래로 이루어졌으면 사암, 고운 진흙으로만 이루어져 있으면 셰일이라고 불러요.

▲ 사암

해안에서 멀리 떨어진 바닷속에서는 물에 녹아 있는 물질들이 가라앉으면 석회암이나 처트 암염이 만들어져요. 이렇게 만들어진 퇴적암들은 화학적 퇴적암이라고 해요.

변성암

변성암은 암석이 높은 열과 압력을 받아 성질이 변하여 만들어진 암석이에요.

퇴적암인 셰일 위에 또 다른 퇴적암이 두껍게 쌓이면서 셰일이 지하 깊은 곳으로 들어가면 열과 압력을 동시에 받게 되고 알갱이들이 조금씩 길쭉한 모양으로 자라요. 길쭉한 알갱이들이 서로 떨어진 채 방향성만 나타날 때 이를 편리라고 해요. 그리고 변성 과정이 진행되어 굵은 줄무늬까지 나타나면 이를 편마 구조라고 해요. 그래서 편리가 나타나면 편암이라고 하고, 편마 구조가 나타나면 편마암이라고 불러요. 사암이 변성되면 규암이 되고, 석회암이 변성되면 대리암이 돼요.

▲ 규암

편광 현미경은 무엇인가요?

보통의 빛은 사방으로 진동하면서 나아가요. 그런데 편광은 한 방향으로만 진동하는 빛이에요. 편광판을 이용하면 편광을 만들 수 있어요.

편광현미경은 암석을 얇게 갈아서 만든 조각(박편)을 관찰하는 현미경이에요. 편광 현미경에는 2개의 편광판이 있어요. 두 편광판을 서로 직각이 되게 끼우거나 위쪽의 편광판을 뺀 상태로 박편을 관찰하면 비슷하게 보이는 암석이라도 색깔 차이가 생겨요. 편광판을 모두 끼운 상태를 직교 니콜, 위쪽의 편광판을 뺀 상태를 개방 니콜이라고 해요.

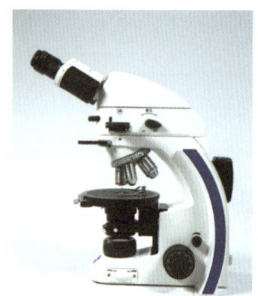

반려암 박편 사진	편광판을 모두 끼웠을 때	위쪽 편광판을 뺐을 때

**두근두근!
실제 현장을 잡아라!**

흙으로 찾은 범인

어느 날, 경찰서에 택시 강도 사건이 접수되었어요. 택시 운전사는 손님을 태우고 목적지로 가던 중이었는데, 잠깐 서 있던 사이에 낯선 사람이 차 문을 열고 들어와 승객을 칼로 찔렀다고 주장하였어요. 그리고 금품과 함께 승객을 다른 차에 태워 도주했다고 당시 상황을 설명하였어요.

경찰은 단서를 찾기 위해 택시를 수사하였는데 택시 안에는 현금과 신용카드가 그대로 있었어요. 현금과 신용카드가 그대로 있었다는 것은 금품을 노린 강도였다는 택시 운전사의 말이 사실이 아니라는 것을 알려 준 단서가 되었지요. 또한, 강도가 승객을 태우고 도주했다는 점도 이상하였어요.

경찰은 사건을 좀 더 확실하게 알기 위해서 택시에 남아 있을지도 모르는 증거물을 채취하였어요. 그 결과 차에 흙탕물이 튀어 있었고 택시 운전석 바닥에 흙이 떨어져 있었어요. 택시 운전사의 신발에도 흙이 묻어 있어 시내만 운행했다는 운전사의 진술과 일치하지 않았지요.
그러던 중 다른 사건이 접수되었다는 소식을 듣고 경찰은 현장으로 출동하였어요. 하천에서 신원 불명의 변사체가 발견된 것이죠. 하천 주변 물웅덩이에 있는 흙과 함께 택시 강도 사건 당시의 택시 하부 및 운전석 깔판에 있는 흙, 택시 운전사 신발에 묻은 흙 등을 채취하여 국과수에 감정을 의뢰하였어요. 그 결과 운전석 바닥에 있던 흙과 택시 운전사 신발 바닥에 묻은 토양이 모두 변사체가 발견된 지점의 토양과 유사한 것으로 밝혀졌죠. 이것으로 택시 운전사가 승객을 살해하였다는 사실이 증명된 거예요.

— 출처 인용 **신문과 놀자!/과학이 보이는 CSI**

흔적은 범인을 알고 있다

핵심 개념 힘과 면적, 압력
연계 교과 초등 과학 4학년 1학기 4. 물체의 무게

실험 목표
1. 현장에 남은 미세 증거를 통해 범인을 찾을 수 있다.
2. 무게에 따른 압력을 이용해 3차원 족적을 수집할 수 있다.

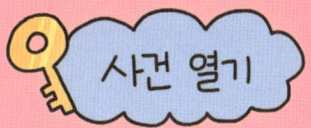

1 수사 과정
미세 증거를 찾아라!

사건 현장에 증거가 있을 거예요. 바로 현장을 보존하고 수사를 시작해야 겠어요. 먼저 CCTV를 확인해야 겠어요. 그런데 CCTV에 범인의 형체는 찍혔지만, 비가 많이 내린 데다가 너무 어두워서 누군지 구별할 수 없었어요. 증거를 찾기 위해 상추밭 주변을 살펴보니 모종삽 하나가 보이네요. 이게 증거가 아닐까요?

 반짝이 가루를 미세 증거로 이용할 수 있다.

앗! 잠깐

1. 반짝이 가루를 먹지 않도록 하고, 눈에 들어가지 않게 조심하세요.
2. 실험 후에는 손을 깨끗이 씻으세요.

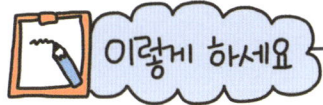

[1] 미세 증거 남겨 보기

1. 손에 반짝이 가루를 묻혀요.
2. 집에 있는 물건 중에 하나를 반짝이 가루가 묻은 손으로 만져 보세요.

[2] 미세 증거 찾아보기

＊두 명이 한 조를 이루어 해 보세요.
1. 반짝이 가루를 묻힌 사람이 어떤 물건을 잡았는지 눈으로 먼저 찾아보세요.
2. 찾은 물건을 루페를 이용해서 어떤 색의 반짝이가 묻었는지 더 자세하게 관찰하세요.

 **어떤 결과가 나왔나요?**

1. 어떤 물건에서 반짝이를 발견하였나요? 반짝이가 있었던 부분이 어디인지 써 보세요.

2. 반짝이가 묻은 모양을 색연필을 이용해서 그려 보세요.

 **사건을 마무리해 볼까요?**

　나는 직원 사무실에 들어가서 반짝이가 묻은 물건을 찾기 시작하였어요. 모종삽 손잡이 부분에 묻어 있던 반짝이가 직원 사무실에 있는 장식품에 붙은 것과 같았어요. 여기 있는 사람 중 누가 범인인지 알기 위해서는 다른 증거를 더 찾아야 할 것 같아요.

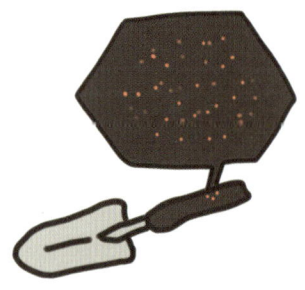
모종삽에 있던 반짝이

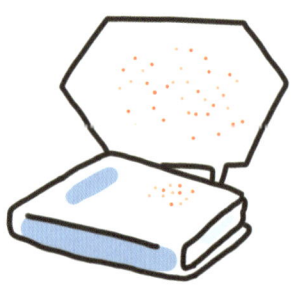
장식에 있던 반짝이

2 수사 과정
상추밭은 범인을 알고 있다

반짝이 가루가 직원 사무실에서 나왔다는 것은 알았지만, 누가 범인인지를 찾을 수 없었어요.

잠깐, 상추밭에서부터 과학관까지 발자국이 나 있었어요! 상추밭의 발자국에는 신발 바닥의 모양이 선명하게 찍혀 있었지요. 다시 나가서 확인해 보고, 이 발자국을 사무실 직원들의 신발과 비교해 봐야겠어요.

나는 먼저 현장의 발자국과 나, 하니의 발자국을 비교해 보았어요.

현장에 남은 발자국

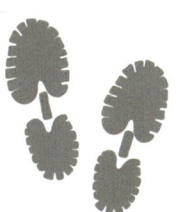
하니의 발자국

발자국을 비교하였더니 족적의 생김새도 다르지만, 다른 차이점이 있었어요. 일단, 현장에 남은 족적의 크기가 내 것보다 훨씬 큰 것으로 보아 어른의 족적 같았어요. 그리고 자세히 보니 신발 뒤축도 많이 닳아 있었어요. 이 두 가지 특징을 이용해 다시 수사를 시작해 봐야겠어요.

3. 흔적은 범인을 알고 있다

 **목표** 석고를 이용하여 신발 자국을 확인하고, 나타난 족적의 특징을 설명할 수 있다.

 **준비물**

 **앗! 잠깐**

1. 발자국을 찍을 때 너무 세게 찍으면 오아시스에 구멍이 뚫릴 수 있으니 주의하세요.
2. 석고가루가 날리지 않게 조심해서 부어 주세요.
3. 비커가 없다면 계량컵을 이용해도 좋아요.
4. 일회용 용기는 석고를 섞을 때 넘치지 않도록 넉넉한 크기를 사용해 주세요.
5. 개수대에 석고를 부으면 굳을 수 있으니 개수대에 붓지 마세요.
6. 물은 석고 양의 90 %를 넣어 주세요.

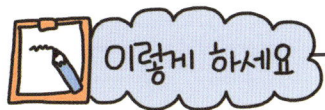

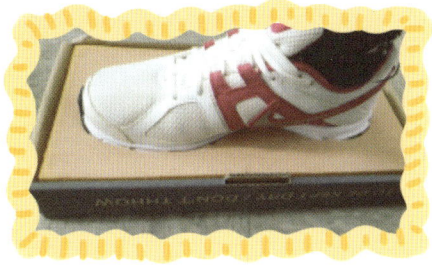 

1. 신발을 신고 오아시스 위에 1~1.5 cm 정도 들어가도록 발자국을 찍어 주세요.
2. 비커 또는 계량컵을 이용해 물 270 mL를 담아 주세요.
3. 물 270 mL를 일회용 용기에 부어 주세요.
4. 용기에 담긴 물 위에 석고가루 300 g을 넣어 주세요.
5. 석고를 다 붓고 덩어리가 없어지도록 나무젓가락으로 잘 저어 주세요.

6. 발자국 모양에 석고를 한쪽에서부터 천천히 부어 주세요.

7. 발자국 높이의 반 정도까지 석고를 부은 후, 그 위에 나무꼬지 두 개를 올려 주세요.(나무꼬지는 석고 족적이 부러지지 않도록 도와줍니다.

9. 나무꼬지 위로 남은 석고를 부어 주세요.

10. 석고 족적을 조심스럽게 떼서 모양을 확인해 보세요.

 어떤 결과가 나왔나요?

1. 석고 족적의 모양을 관찰한 후 그림을 색연필로 그리고, 특징을 적어 보세요.

석고 족적의 모양 그리기	족적의 특징

2. 나의 신발은 어느 부분이 닳아 있나요? 석고 족적을 관찰해 보고 이야기해 보세요.

사건을 마무리해 볼까요?

상추밭에 있던 족적에 석고를 부어 굳힌 뒤 천천히 떼어내 석고 족적을 만들었어요. 그러자 선명한 족적이 나타났지요.

석고 족적을 만드니 현장에 있던 신발 자국의 특징이 잘 보였어요. 신발 뒤축이 많이 닳아 있었고, 신발 크기는 자로 재 보니 290 mm 정도 되는 큰 크기였어요.

자, 이제 과학관 사무실에 있는 직원들의 신발을 관찰하여 비교할 차례예요!

	용의자 1	용의자 2	용의자 3
	이태식 씨	장민주 씨	고민호 씨
신발 크기	285 mm	250 mm	295 mm
신발 바닥 모양의 특징	신발 앞쪽이 많이 닳아 있었다.	신발 뒤축이 닳아 있었다.	신발 뒤축이 닳아 있었다.

과학 수사 성공!

그럼 먼저 직원들의 신발 크기를 살펴볼까요? 신발의 크기는 이태식 씨와 고민호 씨가 약 290 mm로 상추밭에서 수집한 발자국과 크기가 비슷했어요. 하지만 이태식 씨는 신발 앞쪽이 많이 닳아 있었고, 고민호 씨는 신발 뒤축이 닳아 있었어요. 그렇다면 신발 크기와 신발 바닥의 특징이 모두 증거와 일치하는 고민호 씨가 범인이에요.

 죄송합니다. 저도 집에서 상추를 길렀지만, 상추가 잘 자라지 못하고 계속 시들었어요. 김초록 씨의 상추가 푸릇푸릇하게 잘 자라 있어서 그만! 죄송합니다. 김초록 씨!

 제가 열심히 키운 상추를 가져가시다니요! 가져가신 상추는 맛있게 드세요! 그 대신 제 텃밭에 새로 상추 심는 걸 도와주셔야 해요.

 네. 알겠습니다! 열심히 할게요!

 고민호 씨, 앞으로는 그러시면 절대 안 돼요. 정성을 들여 키운 상추가 사라져서 김초록 씨가 많이 슬퍼했다고요! 그럼 오늘의 수사도 성공!

나의 족적 관찰하기

나의 족적을 관찰해 보고 걸음걸이의 특징을 알 수 있다.

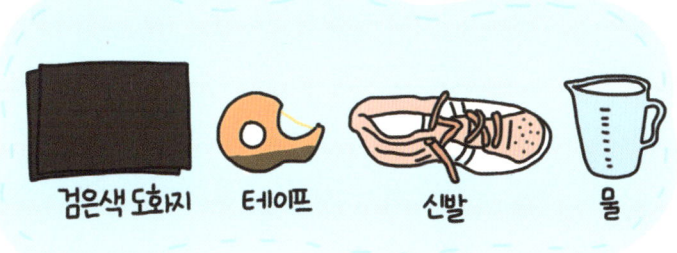

검은색 도화지   테이프   신발   물

앗! 잠깐

1. 신발 바닥에 물을 묻히면 걸음걸이의 특징이 더 잘 보여요.
2. 물감을 신발 바닥에 묻혀서 살펴봐도 좋아요.

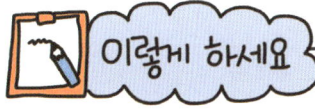

1. 검은색 도화지 여러 장을 테이프로 붙여 주세요.
2. 테이프 붙인 부분이 바닥으로 가도록 뒤집어 주세요.
3. 물이나 물감을 묻힌 신발을 신고 검은색 도화지 위를 걸어 보세요.
4. 나의 걸음걸이가 어떤지 관찰해 보세요.

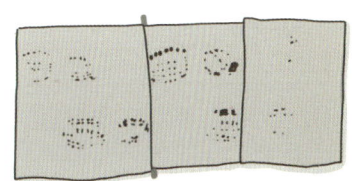

3. 흔적은 범인을 알고 있다

어떤 결과가 나왔나요?

1. 내 걸음걸이의 특징이 있나요? 내 걸음걸이의 모양을 그려 보고, 어떤 특징이 있는지 말해 보세요.

2. 가족과 나의 족적을 찍어 보고 신발의 크기와 걸음걸이에 어떤 차이점이 있는지 알아보세요.

> 족적은 키와 보폭, 연령대까지 추적할 수 있어 용의자를 추정하는 간접 증거가 될 수 있어요. 신발의 종류를 통해 범인의 직업도 추리할 수 있는데, 운동화는 활동량이 많은 사람, 구두는 회사원들이 착용하는 신발일 확률이 높기 때문이에요.
> 족적으로 같은 종류의 신발을 주로 신는 사람들에 대한 정보를 알 수 있으며 신발의 크기를 측정해 범인의 대략적인 키를 측정할 수 있어요. 또한 범인의 걷는 습관들도 파악할 수 있답니다.

튼튼 과학

 ### 압력은 무엇일까요?

압력은 단위 면적에 가해지는 힘의 크기를 말해요.

예를 들어 몸무게가 50 kg인 사람과 100 kg인 사람이 있어요. 신발의 종류와 사이즈가 같다면, 두 사람이 땅을 밟는 압력은 어떻게 될까요? 두 사람은 같은 면적을 밟고 있지만 누르는 힘은 무거운 사람이 더 세게 누를 거예요. 그래서 100 kg인 사람이 바닥에 더 센 압력을 가하고 있는 거죠. 또한, 체중이 같다면 운동화를 신고 누르는 압력보다 뾰족 구두를 신고 누르는 압력이 훨씬 커요. 그래서 뾰족 구두를 신으면 흙바닥이 더 움푹 파여요. 신발 사이즈와 몸무게가 모두 다르다면 어떨까요? 가해지는 힘의 크기(여기서는 몸무게)를 힘이 작용하는 면적의 크기로 나누어 보고 서로 비교해 보면 돼요.

● 체중이 같다면 뾰족 구두를 신고 누르는 압력이 더 커요.

압력 ⇩   압력 ⇧

 ### 못은 왜 뾰족하게 만들까요?

벽에 못을 박을 때, 망치로 못을 치면 벽에 못이 박혀요.

만약 못의 끝부분이 뾰족하지 않고 뭉툭하다면, 어떻게 될까요? 압력이 약해져서 더 큰 힘이 필요해요. 파고 들어가야 하는 부분이 뾰족할수록 압력이 훨씬 더 커져서 효과적으로 구멍을 뚫을 수 있어요. 못, 압정, 빨대의 모양을 살펴보세요. 구멍을 뚫고 파고 들어가는 부분이 더 뾰족한 것을 알 수 있어요.

두근두근 실제 현장을 잡아라!

걸음걸이로 범인을 잡다!

신경이나 근육, 뼈 등에 이상이 있으면 걸음걸이에 특징이 생겨요. 그래서 걸음걸이를 관찰하면 근육에 경련이 일어났는지, 신경에 문제가 있는지, 관절이 틀어졌는지를 판단할 수도 있어요.

걸음걸이의 특징은 팔자걸음(외족지 보행), 반대로 발끝이 안쪽을 향하는 안짱걸음(내족지 보행), 무릎이 바깥쪽으로 휜 'O다리', 안쪽으로 휜 'X다리' 등이 대표적이에요. 이외에도 발뒤꿈치가 바닥에 닿지 않고 발가락 끝으로 걷는 '첨족보행', 근육이나 신경 이상으로 발목을 들어 올리지 못하는 '족하수', 뇌성마비 환자에게서 주로 보이는 '가위보행', 상체가 좌우로 흔들리는 '오리보행' 등이 있어요. 두 다리 길이가 다른 '하지부동', 걸을 때마다 다리가 밖에서 안으로 휘어 들어오는 '원회전 보행'도 특이한 보행 유형이에요.

걸음걸이가 대칭, 비대칭인지, 또 걸을 때 두 다리를 벌린 폭도 특징을 파악하는 기준이 돼요.

개인별로 특징이 있는 걸음걸이를 분석하면 범죄수사에서 범인을 찾는 데 중요한 역할을 해요. 이러한 기법을 '법보행 분석' 기법이라고 하죠.

CCTV에 용의자가 찍혔지만 모자를 눌러 쓰는 등 얼굴이 보이지 않고, 용의자를 검거해도 자신이 CCTV 속 인물이 아니라며 발뺌을 하는 경우에는 수사에 어려움을 겪을 수 있어요. 이런 경우에는 걸음걸이를 분석하여 용의자와 동일하다는 판단이 나오면 범인을 찾는 데 큰 도움이 돼요.

— 출처 인용 **동아일보**

숨어 있는 증거를 찾아라

핵심 개념 혈흔 족적, 루미놀 반응
연계 교과 중학교 과학 2 5. 동물과 에너지

실험 목표
루미놀 반응을 이용하여 혈흔 족적을 검출할 수 있다.

사건 열기

1 수사 과정
혈흔 족적을 채취하라!

사건의 단서를 찾으려던 하니, 고영만 씨의 집 주변에 또 다른 CCTV가 있다는 것을 확인했어요! 그곳에는 피해자가 다쳤던 시간에 사건 현장 부근을 지나간 세 명의 사람이 찍혔어요.

	용의자 1	용의자 2	용의자 3
	우체부 최용구 씨	지나가던 사람 김민혜 씨	옆집 사람 장민석 씨
키	165 cm	174 cm	176 cm
신발 모양			
신발 발자국			

하니가 살펴본 CCTV 영상을 통해 범인이 피해자의 핏자국을 밟고 이리저리 움직인 것을 알았어요. 또 화면에서 피해자인 고영만 씨의 키(175 cm)와 범인의 키가 비슷하다는 것도 확인할 수 있었어요. 세 사람 중 김민혜 씨와 장민석 씨의 키가 범인과 비슷해요. 일단 용의자를 두 명으로 줄이는 데는 성공한 것 같아요!

그래서 용의자 두 명의 신발 바닥을 살펴봤죠. 하지만 두 명 모두 신발 바닥에 피가 묻어 있지는 않았어요. 사건 현장에도 족적은 남아 있지 않았어요. 모두 범인이 아닌 걸까요? 어떻게 사라진 범인을 찾을 수 있을까요?

눈에 보이지 않는 혈흔 자국을 찾을 수 있다.

1. 모든 시약은 먹거나 피부에 닿지 않게 주의하고, 긴팔 옷과 장갑, 보안경을 착용하고 실험하세요.
2. 과산화 수소는 오래 두면 기체가 발생해서 용기가 부풀어 오를 수 있으니 보관에 주의하세요.
3. 루미놀 용액은 냉장 보관해 주세요.
4. 루미놀 반응은 어두운 실내에서 해야 잘 보여요. 발광 반응은 순식간에 일어나니 빠른 시간 내에 관찰해 주세요.

 이렇게 하세요

[1] 헤모글로빈과 루미놀 반응 관찰하기

1. 장판 위에 헤모글로빈 용액을 몇 방울 떨어뜨려 보세요.
2. 분무 용기에 루미놀 용액과 5 % 과산화 수소를 넣고 뚜껑을 닫은 뒤 잘 섞어 주세요.
3. 불을 꺼 주세요.
4. 2번 과정에서 만든 용액을 장판 위에 뿌려 주세요.
5. 루미놀 반응을 확인해 보세요.

[2] 지워진 혈흔 찾아보기

1. 장판 위에 헤모글로빈 용액을 몇 방울 떨어뜨려 보세요.
2. 휴지로 헤모글로빈 용액이 떨어진 곳을 닦아 보세요.
3. 분무 용기에 루미놀 용액과 5 % 과산화 수소를 넣고 뚜껑을 닫은 뒤 잘 섞어 주세요.
4. 불을 꺼 주세요.
5. 3번에서 섞어 준 용액을 뿌려 주세요.
6. 루미놀 반응을 확인해 보세요.

 어휘!

＊**헤모글로빈** 우리 몸을 이루는 세포들은 모두 산소를 필요로 하는데, 몸 속에 산소를 운반해 주는 배달원이 바로 헤모글로빈이에요. 헤모글로빈은 혈액을 구성하는 동그란 원반 모양의 물질인 적혈구에 들어 있어요. 그리고 적혈구 하나에는 약 2억 8천만 개의 헤모글로빈이 있답니다.

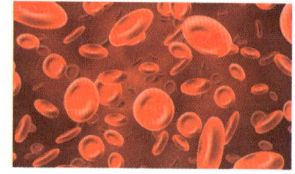

＊**루미놀** 루미놀은 화학 발광을 나타내는 화학 물질이에요. 눈으로 보면 흰색에서 노란색 정도의 색을 띠고, 물에는 잘 녹지 않아요. 혈액과 반응하면 푸른빛을 내기 때문에 범죄 현장 등에서 혈흔을 감식하는 데 쓰여요.

내가 관찰한 루미놀 반응은 어땠나요? 사진과 비교해서 글이나 그림으로 표현해 보세요.

루미놀 반응으로 본 혈흔 자국

혈흔이 있을 때의 루미놀 반응	지워진 혈흔에서의 루미놀 반응

하니는 눈에 보이지 않는 핏자국을 확인하기 위해서 용의자 두 명의 신발 바닥에 루미놀 용액과 과산화 수소를 뿌려 보았어요. 그러자 두 명 중 장민석 씨의 신발만 푸른빛으로 빛나는 것이 보였어요! 보이지 않았던 혈흔이 신발에 나타나면서 장민석 씨가 범인이라는 증거를 발견한 거예요.

튼튼 과학

모든 피는 빨간색일까?

피가 났을 때 피의 색을 확인해 보았나요? 사람의 피는 우리가 잘 아는 붉은색이에요. 사람을 포함한 포유동물의 피는 모두 붉은색이지요. 왜 그럴까요? 바로 헤모글로빈 때문이에요. 혈액 속 적혈구에는 '헤모글로빈'이라는 물질이 들어 있는데, 헤모글로빈 속에는 철 성분이 들어 있어요. 철 성분이 산소와 만나면 붉은색을 나타내요. 동물의 피는 어떨까요? 모든 동물의 피가 붉은색인 것은 아니에요. 산소를 운반해 주는 물질은 헤모글로빈만 있는 게 아니거든요. 그래서 피 색깔이 빨간색이 아닌 동물도 많답니다. 오징어, 문어, 새우 같은 동물들은 피에 헤모글로빈 대신 '헤모사이아닌'이라는 단백질이 들어 있는데, 이 속에는 구리 성분이 들어 있어서 피가 청록색으로 보여요!

혈흔 수사에 루미놀을 사용하는 이유

혈흔 자국을 발견할 때 왜 루미놀을 이용할까요? 범죄 현장에서 '핏자국'은 굉장히 중요한 단서예요. 피해자의 피가 묻은 도구는 유력한 증거로써 작용하기 때문이에요. 피는 빨간색이어서 옷에 튀면 우리 눈에 잘 보일 거예요. 하지만 만약 용의자의 옷이 깨끗이 세탁된 상태라면 핏자국을 확인하기 힘들겠죠? 루미놀은 보통 혈액이 약 1만~2만 배로 희석되어도 반응을 나타내므로 세탁된 상태에서도 혈흔이 감지되기도 해요. 옷가지, 카시트 등에 혈흔 속 철분 성분이 스며들었다면 수개월이 지나도 루미놀과 반응하여 파란 형광 빛을 낸답니다.

루미놀의 화학 발광 원리

혈흔에 루미놀 용액을 뿌리면 왜 푸른색 빛이 났을까요? 정답은 우리 혈액 속 성분에 있어요. 적혈구 속에 있는 헤모글로빈 안에는 철이 있어요. 루미놀이 발광하기 위해서는 바로 이 '철' 성분이 필요해요. 우리가 루미놀 용액에 넣은 과산화 수소는 혈액 속 철과 만나면 산소를 만들어요! 이 산소가 루미놀과 만나면 루미놀은 산화되고 약 424 nm 파장에 해당하는 청백색의 강렬한 화학 발광을 나타낸답니다!

법생물

1. 식물이 알려 준 범인
2. 곤충이 밝힌 진실

식물이 알려 준 범인

핵심 개념 식물의 구조
연계 교과 초등 과학 4학년 1학기 3. 식물의 한살이 | 초등 과학 4학년 2학기 1. 식물의 생활
초등 과학 6학년 1학기 4. 식물의 구조와 기능

실험 목표

1. 열매와 씨앗의 형태를 관찰하고 기록할 수 있다.
2. 현미경을 이용하여 꽃가루의 형태를 관찰할 수 있다.

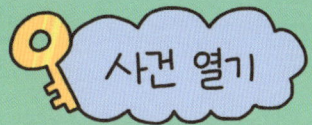

수사 과정
1 열매를 찾아라!

범인은 분명 단서를 남겼을 거예요. 사건이 발생한 특별전시장 입구부터 차근차근 살펴볼게요. 전시장 입구에 있는 CCTV 영상을 돌려서 전시장에 출입한 사람을 확인해 봐야겠어요. 보안실에 문의한 결과 CCTV는 한 달 분량의 영상이 저장되어 있다고 해요. 하지만 한 달치 영상을 모두 분석하기에는 특별전 개막식까지 시간이 부족해요. 어떻게 하면 좋을까요?

담당자 김창희 씨의 말에 따르면 사라진 식물은 오늘 오전 여덟 시쯤 들어왔다고 하니 그때부터 식물이 사라진 것을 발견한 때까지만 CCTV를 확인하면 되겠네요! 영상을 확인한 결과, 총 네 명의 사람이 전시장 입구로 들어가는 것을 확인하였어요.

용의자 1	용의자 2	용의자 3	용의자 4
오은찬 씨	박정하 씨	최윤민 씨	조상희 씨
배송기사	전시 인테리어 담당자	경비원	관람객
저는 조명을 배달하러 왔을 뿐이에요. 입구에 내려놓고 가느라 식물은 구경도 못 했어요.	전시대를 밝은색으로 교체하려고 들어갔어요. 제가 들어갔을 땐 이미 그 식물이 없었어요.	순찰을 돌면서 들어갔다 나왔죠. 식물은 건드린 적도 없어요.	관계자 외 출입 금지였지만 궁금해서 몰래 들어가 봤어요. 하지만 걸릴까 봐 겁이 나서 입구에서 바로 돌아 나왔어요.

" 용의자들은 모두 사라진 식물을 보거나 만진 적이 없다고 증언하였어요. 이들의 말이 사실인지 아닌지 어떻게 알 수 있을까요? 사건 현장을 좀 더 자세히 살펴볼까요? 아니, 이건 도꼬마리네요! 사라진 식물 바로 옆에는 도꼬마리라는 식물이 전시되어 있어요.
도꼬마리의 열매는 엄청 특이하게 생겼답니다! 열매 표면에 가시처럼 생긴 뾰족한 갈고리가 있어서 사람의 옷에 잘 달라붙어요. 범인이 식물을 훔치려고 이 근처에 왔다면 옷에 흔적이 남았을지도 모르겠어요. "

도꼬마리 열매

 의복을 수거하여 식물의 열매나 씨앗이 붙어 있는지 확인할 수 있다.

1. 식물이 알려 준 범인

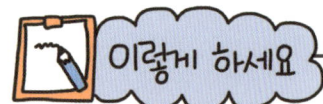 이렇게 하세요

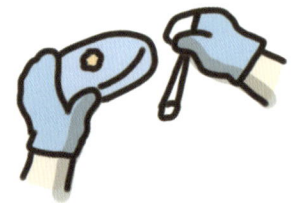

1. 야외에서 입었던 옷을 가져와서 장갑을 끼고 조심히 펼친 후 무언가 붙어 있는 것이 있는지 확인해 보세요.

2. 식물의 열매나 씨앗을 발견하였다면 페트리 접시에 조심히 옮겨 담아 주세요.

3. 루페와 실체 현미경을 이용하여 관찰해 보세요.

어떤 결과가 나왔나요?

1. 열매나 씨앗을 찾았나요? 생김새를 그려 보세요.

눈으로 관찰	루페로 관찰 ( )배 확대	실체 현미경으로 관찰 ( )배 확대

2. 도꼬마리처럼 옷에 잘 달라붙는 열매나 씨잇에는 어떤 것들이 있는지 조사해 보고, 특징을 정리해 보세요.

실체 현미경 사용법

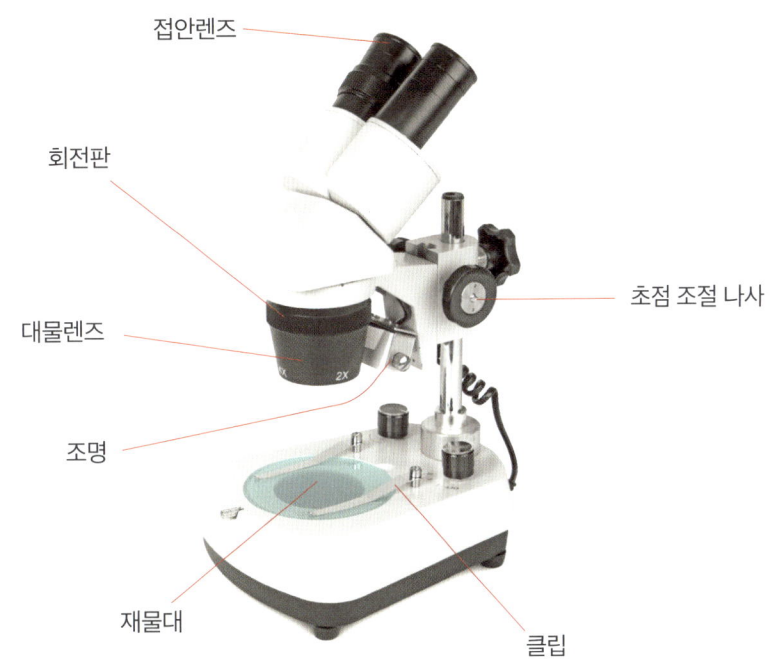

1. 전원을 연결하고 조명을 켜세요.
2. 재물대에 시료를 올려놓고 클립으로 고정하세요.
3. 회전판을 돌려 가장 낮은 배율부터 관찰하세요. 회전판 대신 배율 조절 나사가 달린 경우도 있어요. 그럴 땐 배율 조절 나사를 돌려 가장 낮은 배율로 맞춰 주세요.
4. 초점 조절 나사를 끝까지 돌려 대물렌즈를 관찰하려는 시료와 최대한 가깝게 위치하도록 하세요.
5. 눈을 접안렌즈에 대고 관찰하면서 초점 조절 나사를 천천히 돌려가며 초점을 맞추세요.
6. 더 확대하여 관찰하고 싶다면 회전판(또는 배율 조절 나사)을 돌려 배율을 높이고, 다시 초점 조절 나사를 이용하여 초점을 맞추세요.

사건을 마무리해 볼까요?

용의자들의 옷을 확인한 결과 전시 인테리어 담당자인 박정하 씨와 관람객 조상희 씨의 옷에 도꼬마리 열매가 붙어 있는 것을 확인하였어요. 도꼬마리 열매가 옷에서 발견된 이유에 대해 증언을 들어볼까요?

용의자 2	용의자 4
전시 인테리어 담당자 박정하 씨	관람객 조상희 씨
아마 전시대를 교체할 때 그 옆에 있던 도꼬마리 열매가 옷에 붙은 것 같아요.	사실 전시관 안에 들어가서 전부 다 구경했는데, 의심을 받을까 봐 거짓말을 하였어요. 죄송해요. 하지만 절대 식물을 훔치지 않았어요!

도꼬마리 열매가 옷에 붙어 있었다고 해서 범인으로 단정 지을 수는 없겠죠? 증거를 더 찾아봐야겠어요.

2 수사 과정
꽃가루야 나와라!

전시 담당자 김창희 씨의 말에 따르면 사라진 식물에는 노랗고 화려한 꽃이 피어 있었다고 해요. 꽃이 피어 있었다면 분명히 꽃가루가 있었을 거예요. 꽃가루의 크기는 식물 종류마다 다르지만 대부분 0.01~0.1 mm 정도로 아주 작아요. 이렇게 작은 입자는 잘 날릴 수 있고, 옷이나 머리카락 등에 잘 달라붙기도 하지요. 그럼 용의자들의 옷에서 꽃가루를 찾아볼까요?

 의복을 수거하여 식물의 꽃가루가 묻어 있는지 확인할 수 있다.

생물 현미경 / 의복 / 실험용 장갑 / 슬라이드 글라스(깔유리) / 커버 글라스(덮개 유리)

앗! 잠깐

꽃가루에 알레르기가 있는 친구들은 관찰에 주의하세요.

 이렇게 하세요

1. 옷에서 꽃가루를 채취해 보세요.

2. 관찰 프레파라트를 만들어요. 프레파라트는 관찰을 위해 슬라이드글라스 위에 시료를 고정시킨 표본을 말해요.

3. 생물 현미경을 이용하여 관찰해 보세요.

4. 특징을 기록하고 비교해 보세요.

 앗! 잠깐

꽃가루 쉽게 관찰하는 법
투명테이프를 이용하면 꽃가루를 쉽게 관찰할 수 있어요. 꽃가루가 있는 부분에 테이프를 붙였다가 떼어 슬라이드 글라스에 붙이고 관찰해 보세요.

생물 현미경 사용법

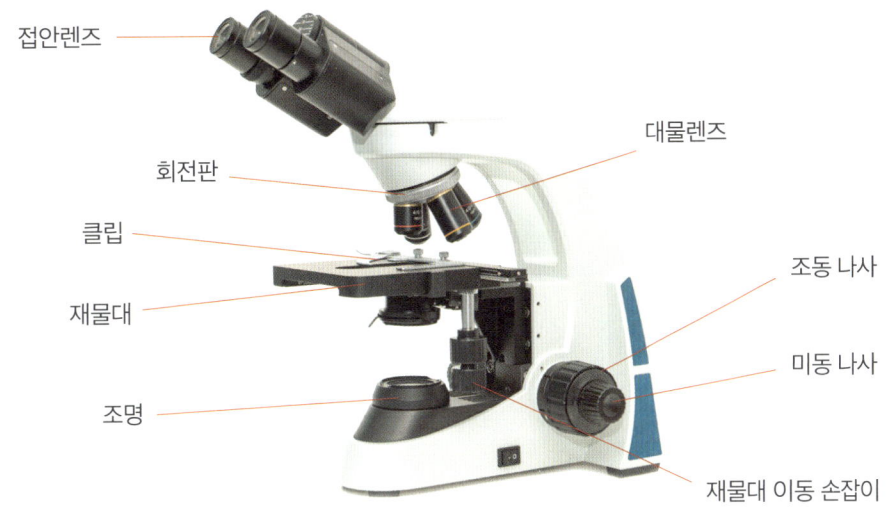

1. 전원을 연결하고 조명을 켜세요.
2. 재물대에 시료를 올려놓고 클립으로 고정한 후, 재물대 이동 손잡이를 움직여 대물렌즈의 가운데에 위치하도록 조절하세요.
3. 회전판을 돌려 대물렌즈 중 가장 배율이 낮은 것부터 중앙에 위치하도록 하세요.
4. 접안렌즈로 화면을 살펴보며 밝기를 조절하세요.
5. 조동 나사를 끝까지 돌려 재물대를 대물렌즈와 가장 가까운 거리에 위치하도록 하세요.
6. 눈을 접안렌즈에 대고 관찰하면서 조동나사를 천천히 돌려가며 상을 찾아보세요.
7. 더 선명하게 보려면 미동 나사를 돌려 초점을 맞춰 주세요.
8. 더 확대하여 관찰하고 싶다면 회전판을 돌려 다음으로 배율이 높은 대물렌즈가 중앙에 위치하도록 하세요.
9. 미동 나사만 돌려 초점을 맞춰 보세요.
10. 같은 방식으로 대물렌즈를 바꿔가며 점차 확대하여 관찰하세요.

 ***배율** 물체를 확대하는 정도를 말해요.

어떤 결과가 나왔나요?

발견한 꽃가루는 무슨 색인가요? 생김새는 어떤가요? 현미경으로 관찰한 것을 그림으로 그리고, 특징을 기록해 보세요.

현미경 관찰 결과 그리기	관찰한 특징 기록
( )배 확대	

사건을 마무리해 볼까요?

전시 인테리어 담당자 박정하 씨(용의자 2)의 티셔츠 앞부분과 관람객 조상희 씨(용의자 4)의 바지에서 꽃가루가 발견되었어요. 두 용의자 모두 의복에서 꽃가루가 발견되었으니 사라진 식물의 꽃가루와 비교해 볼까요? 우선 식물도감에서 사라진 식물에 대한 정보를 찾아볼게요.

1. 사라진 식물의 꽃가루는 이러한 특징을 가지고 있어요.

사라진 식물의 꽃가루	
	〈꽃가루의 특징〉 모양: 길쭉한 모양 색깔: 주황 크기: 0.05 mm

2부 법생물

2. 용의자들의 옷에서 발견된 꽃가루와 비교해 보세요. 범인은 누구일까요?

	박정하 씨의 옷에서 발견된 꽃가루	조상희 씨의 옷에서 발견된 꽃가루
현미경 사진		
모양	길쭉한 모양	공 모양
색깔	노랑~주황	노랑~연두
크기	0.05 mm	0.02 mm

과학 수사 성공!

드디어 사건을 해결했어요! 범인은 바로 전시 인테리어 담당자 박정하 씨였어요. 박정하 씨는 전시에서 선보일 식물 중 하나가 아주 귀해서 수집가들 사이에서 비싼 가격에 거래된다는 사실을 알았어요.

식물을 몰래 빼돌린 뒤 팔아서 돈을 챙기려던 박정하 씨는 전시 담당자 김창희 씨와의 회의에서 식물이 들어오는 날짜와 시간을 알아냈어요. 박정하 씨는 전시대의 색깔이 어두워 식물이 눈에 잘 띄지 않는다며 교체가 필요하다는 핑계로 전시장 안으로 들어갔어요. 그러고 나서 식물을 빼돌려 자신의 차에 숨겨두었어요. 사건을 빨리 해결한 덕분에 식물을 되찾아 전시회가 무사히 열릴 수 있게 되었군요! 참 다행이에요.

오늘도 하나의 과학 수사 성공!

누름꽃 책갈피 만들기

 식물을 채집하여 누름꽃 책갈피를 만들 수 있다.

꽃, 습자지, 두꺼운책, 옥공풀, 핀셋, 크라프트지, 손코팅지, 리본, 펀치

1. 꽃을 채취하여 습자지에 올려 놓고, 다른 습자지로 덮어 주세요.

2. 꽃이 납작하게 눌릴 수 있도록 두꺼운 책 사이에 끼워 두세요.

3. 3일 후 꽃이 부서지지 않도록 주의하여 습자지를 한 번 교체해 주고, 3일 더 말려 주세요.

4. 잘 마른 꽃을 핀셋으로 조심히 들어올려 크라프트지 위에 올려보며 모양을 잡아 보세요.

5. 꽃을 붙일 위치를 정했다면 목공풀을 이용하여 잘 붙여 주세요.

6. 풀이 마르면 손코팅지를 크라프트지의 앞면과 뒷면에 모두 붙여 코팅을 하세요.

7. 펀치를 이용하여 위쪽에 구멍을 뚫고 리본을 묶으면 완성이에요.

 어떤 결과가 나왔나요?

내가 만든 책갈피에 붙인 식물의 특징을 관찰하여 글과 그림으로 표현해 보세요.

튼튼 과학

❓ 식물이 자손을 퍼트리는 방법

식물의 씨앗은 열매 안에 들어 있어요. 열매는 씨앗을 보호하고 널리 퍼트리는 역할을 해요.

식물의 종류마다 열매의 생김새가 다른데, 열매의 생김새에 따라 씨앗을 퍼트리는 방법도 달라요. 민들레처럼 솜털이 있어 바람에 날려 퍼지기도 하고, 감나무나 벚나무처럼 동물에게 먹힌 후 똥으로 나와 퍼지는 경우도 있어요. 또한 단풍나무처럼 날개가 달려 있어 날아가서 퍼지는 경우도 있어요.

도꼬마리와 도깨비바늘 같은 식물의 열매는 뾰족하게 생긴 갈고리가 있어 사람의 옷이나 동물의 털에 붙어 이동하며 널리 퍼져 나가요. 도꼬마리 씨앗의 갈고리 모양은 사람들이 벨크로 테이프(찍찍이)를 발명하는 데 영감을 주기도 했어요.

도꼬마리 열매

도꼬마리 열매
갈고리(40배 확대)

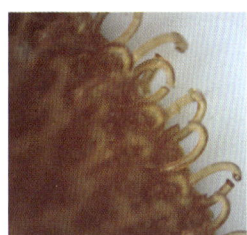
벨크로 테이프
갈고리(40배 확대)

❓ 다양한 꽃가루의 모양

식물은 꽃의 수술 부위에서 꽃가루를 만들어요. 그리고 꽃가루받이를 통해 씨앗을 만들지요.

꽃가루의 색깔은 투명한 것에서부터 노란색, 주황색, 녹색 등 다양해요. 눈으로 보기에는 다 비슷하게 생겼지만 현미경으로 관찰해 보면 보이지 않던 꽃가루들의 진짜 모습이 드러나요. 동그란 공 모양, 달걀 모양, 길쭉한 모양 등 다양한 생김새를 볼 수 있고, 심지어는 소나무처럼 공기 주머니가 달린 것들도 있어요.

벚꽃

수수꽃다리

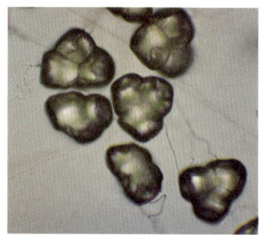
철쭉

 ## 실체 현미경과 생물 현미경

열매와 꽃가루를 관찰할 때 각기 다른 두 가지 현미경을 사용하였어요. 둘은 어떤 점이 다를까요? 우선 도꼬마리를 관찰할 때 사용했던 실체 현미경은 주로 생물의 표면을 있는 그대로 확대해서 볼 때 사용해요. 작은 생물을 자세히 보면서 해부할 때 사용하기도 하지요. 그래서 별명이 해부 현미경이에요. 실체 현미경은 우리가 눈으로 직접 사물을 보는 원리와 마찬가지로 빛을 시료 표면에 비추어서 반사되는 빛을 렌즈로 확대해 표면을 자세히 관찰할 수 있게 해주는 것이 주요 기능이에요.

생물 현미경으로는 빛이 투과할 수 있는 생물 시료들을 관찰해요. 투과란 빛이 통과한다는 뜻이에요. 동식물의 세포나 물벼룩, 짚신벌레 등 아주 작고 얇은 시료들을 관찰할 수 있어요. 큰 생물이라도 빛이 투과할 수 있을 정도로 조직을 아주 얇게 자르면 관찰이 가능해요. 생물 현미경은 밑에서 조명을 비춰 주어요. 이렇게 아래에서 비춘 빛이 시료를 투과해요. 시료를 투과한 빛을 관찰하기 때문에 내부 구조를 관찰할 수 있다는 특징이 있어요.

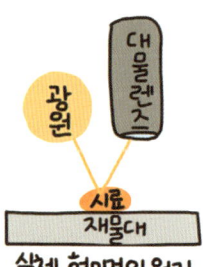
실체 현미경의 원리 (빛의 반사)

실체 현미경으로 관찰한 백합 꽃가루

생물 현미경의 원리 (빛의 투과)

생물 현미경으로 관찰한 백합 꽃가루

두근두근! 실제 현장을 잡아라!

식물이 알려 준 유기 장소

　부산에서 혼자 장사를 하던 60대 가게 주인이 실종되는 사건이 발생하였어요. 경찰은 가게 곳곳에서 지문 감식을 하였어요. 하지만 가게는 여러 사람들이 방문하는 장소여서 지문만 가지고는 범인을 밝혀내기가 쉽지 않았지요.

　주변 가게들에 수소문한 결과 사라진 피해자가 40대 남성과 함께 지나가는 것을 보았다는 증언을 확보하였어요. 경찰은 목격자들의 증언을 바탕으로 가게 주변 CCTV를 확보하여 용의자가 타고 온 차량 종류를 확인하였어요. 경찰은 용의자 차종의 과속 단속 내역과 피해자의 신용카드 사용 내역을 바탕으로 차량이 이동한 경로를 파악하였어요. 그리고 4일 뒤 한 주차장에서 용의자의 차량을 찾아냈어요.

　차량을 확인한 결과 누군가 차량 내부를 치우려고 했던 흔적을 발견하였어요. 용의자가 증거를 없애려고 차량을 이미 세척한 후였어요.

　경찰이 차량을 자세히 살펴보다가 브레이크 등 위쪽으로 세 가지 정도의 풀이 뒤섞여 붙어 있는 것을 발견하였어요. 해당 풀이 어떤 식물인지 확인한 결과 그중 하나는 예덕나무 풀로 확인되었어요. 그런데 이 식물은 주로 국도변에서 자라는 풀이에요.

　여러 종의 풀이 뒤섞여 있는 경우 군락지를 확인하여 장소를 파악할 수 있어요. 범인을 검거하여 심문한 결과, 피해자의 귀금속을 갈취하고 경남 함양군의 한 습지에 시신을 유기한 것으로 나타났어요. 별 것 아닌 것 같아 보이는 풀도 그냥 지나치지 않고 분석하여 결국 범인 검거에 성공한 것이죠!

— 출처 인용 **김복준의 사건 의뢰**

곤충이 밝힌 진실

핵심 개념 곤충의 한살이
연계 교과 초등 과학 3학년 1학기 3. 동물의 한살이 | 초등 과학 3학년 2학기 2. 동물의 생활
초등 과학 5학년 2학기 2. 생물과 환경

> **실험 목표**
> 1. 곤충의 생김새를 관찰하고 특징을 기록할 수 있다.
> 2. 곤충의 한살이 과정을 관찰할 수 있다.

사건 열기

1 수사 과정
곤충을 잡아라!

닭이 죽은 채 발견된 장소는 풀이 우거진 생태공원이었어요. 자세히 살펴보니 사체에 작고 꿈틀거리는 유충들이 있었어요. 유충은 곤충의 어린 시절 모습을 말해요. 사람이나 동물이 죽으면 곤충들이 모여들어요. 모인 곤충의 종류와 성장 속도를 보면 사망 시각을 예상할 수 있지요. 사건 현장에서 발견된 작은 유충들이 닭의 죽음을 밝히는 데 도움을 줄 수 있을 거예요. 유충을 채집하여 좀 더 자세히 살펴볼까요?

곤충 중에서도 특히 파리는 사체의 냄새를 맡고 수 분 내지 수 시간 내에 나타나 알을 낳아요. 그리고 알에서 깨어난 유충들은 사체를 먹이와 집으로 삼아 자라나죠.
 사건 현장에서 발견된 유충의 크기를 재보면 나이를 알 수 있고, 거꾸로 파리 성충이 사체에 알을 낳은 시각을 추정할 수 있어요. 파리가 알을 낳은 시점보다 더 이전에 사망했다는 것을 전제로 하여 사망 시각을 예측하는 방식이지요. 파리는 종류와 환경에 따라 자라는 속도가 달라져요. 그래서 파리 종류가 무엇인지 아는 것이 사망 시각 추정에 중요하답니다.

 **목표** 곤충을 채집하고 관찰하여 특징을 기록할 수 있다.

 **앗! 잠깐**

1. 뜨거운 물을 사용할 때 데이지 않도록 안전에 유의하세요.
2. 에틸아세테이트는 휘발성이 강하고 인체에 유해한 시약이므로 사용에 주의하세요.
3. 시약을 사용할 때는 꼭 마스크와 장갑을 착용해 주세요.

2. 곤충이 밝힌 진실

[1] 곤충 채집하기

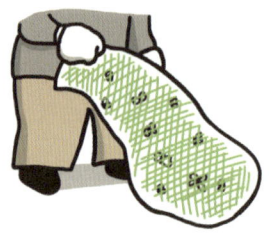

1. 주변에서 곤충을 찾아보세요. 곤충을 발견한 위치와 날짜, 온도, 습도를 기록하세요.
2. 날아다니는 곤충이 있다면 그물망으로 잡아 채집통에 넣어 주세요.
3. 유충을 발견하면 집게로 조심스럽게 집어 채집통에 넣어 주세요.

[2] 표본 만들기

* 성충 표본 만들기

1. 에틸아세테이트를 묻힌 솜이 들어 있는 유리병에 성충을 담아 주세요.
2. 곤충에 핀을 꽂아 우드락 판에 고정시키고 날개, 다리 등을 펴 가며 건조 표본을 만들어 보세요.

* 유충 표본 만들기

1. 유충을 약 80~90 ℃의 뜨거운 물에 담가 주세요.
2. 뜨거운 물에 담갔던 유충을 꺼내 70 % 에탄올을 담은 샘플 병에 넣어 액침 표본을 만들어 보세요.
3. 시료에 대한 정보를 기록해 보세요.
4. 에탄올에 담아 고정*시킨 유충 표본을 꺼내어 크기를 재 보세요.
5. 돋보기나 현미경으로 관찰하여 특징을 기록해 보세요.

 *고정 표본을 잘 관찰하기 위해 살아 있던 상태와 똑같은 모습으로 유지하기 위한 과정이에요.

어떤 결과가 나왔나요?

채집한 곤충은 어떻게 생겼나요? 글과 그림으로 기록해 보세요.

날짜		수사관 이름	
시간		장소	
기온		습도	
생김새 (사진 또는 그림)			
관찰 내용 (색깔, 길이, 특징 등)			

사건을 마무리해 볼까요?

잡힌 유충이 무엇인지 곤충 도감에서 찾아보았어요. 파리 구더기인 것까지는 알겠는데, 정확하게 어떤 파리 종류인지 확인하기 어렵네요. 아무래도 법곤충 박사님께 여쭤 봐야겠어요.

2. 곤충이 밝힌 진실

2 수사 과정
곤충을 키우자!

죽은 닭 주변에서 발견한 꿈틀거리는 유충이 어떤 종류인지 알아내야 겠어요. 곤충도감을 찾아보니 파리인 것 같은데 확실하지 않아 법곤충 박사님께 여쭈어 봤어요. 그런데 박사님은 유충 상태에서는 어떤 파리 종류인지 정확히 알기가 어렵다고 하였어요. 파리 유충은 비슷하게 생긴 것들이 많기 때문이라고 해요. 다 키운 다음에 생김새를 자세히 관찰해서 어떤 종류인지 확인하는 게 좋다고 하셨으니 일단 유충을 키운 후 알아봐야겠어요.

 곤충의 한살이를 관찰하고, 성장 과정을 기록할 수 있다.

수첩   돋보기   사육상자   돼지 간(먹이)

앗! 잠깐

사육상지는 유충이 숨을 쉴 수 있도록 숨구멍이 뚫려 있는 것을 사용하세요.

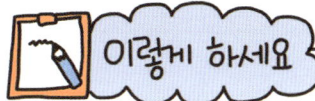 이렇게 하세요

1. 유충을 채집한 현장과 유사한 환경의 사육 상자를 꾸며 보세요.
2. 먹이를 주고 키우면서 매일 관찰하여 변화를 기록해 보세요.
3. 곤충이 자라는 모습을 다음과 같은 표에 매일 기록해 보세요.

어떤 결과가 나왔나요?

곤충 이름		날짜	
크기		색깔	

곤충의 생김새

성충이 될 때까지 걸린 시간　　　　　□ 일

🥜 사건을 마무리해 볼까요?

며칠 동안 파리 유충의 성장을 관찰한 결과 우리가 발견한 유충이 검정파리과에 속하는 검정뺨금파리인 것을 확인하였어요. 검정뺨금파리에 대한 연구 자료를 찾아 발견 당시 유충의 길이와 주변 환경 및 성장 속도를 고려하여 닭이 사망한 시각을 예상했어요.

닭은 경비 아저씨에게 발견된 시각보다 60시간 이전에 사망한 것으로 보여요. 사체가 발견된 시각은 4월 5일 오전 11시 30분이었어요. 이때를 기준으로 60시간 전은 4월 2일 밤 11시 30분이에요. 이것보다 이전에 찍힌 CCTV 영상을 확인하면 되겠네요. 다음 중 사건 해결의 단서가 될 만한 장면은 무엇일까요?

과학 수사 성공!

정답은 4월 2일 밤 11시에 찍힌 3번 장면이에요. 그날 무슨 일이 일어난 걸까요? 족제비가 지나간 곳 근처에 다시 가 볼까요? 아! 이런! 여기 닭장에 구멍이 나 있네요! 범인은 족제비였어요. 앞으로는 족제비가 닭장 안으로 들어올 수 없게 구멍을 메꿔 주어야겠어요. 이제 닭들이 무사히 잠을 잘 수 있겠죠?
오늘도 하니의 과학 수사 성공!

배추흰나비 한살이 관찰

 배추흰나비를 통해 곤충의 한살이를 관찰하고 성장 과정을 기록할 수 있다.

💡 **앗! 잠깐**

알이나 유충을 옮길 때에는 직접 손으로 잡지 말고 잎에 붙어 있는 채로 옮겨 주세요.

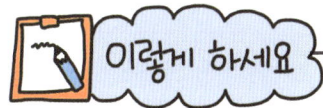

배추흰나비를 키우면서 한살이를 관찰해 볼까요?
1. 사육상자 바닥에 탈지면 또는 휴지를 깔고 분무기로 물을 살짝 뿌려 습도를 맞춰 주세요.
2. 사육상자에 알이 붙어 있는 화분이나 잎을 통째로 넣어 환경을 꾸며 주세요.

3. 먹이와 환경을 매일 확인하며 곤충이 자라는 모습을 관찰하고 기록하세요.
4. 애벌레를 지나 번데기, 성충이 되는 시기를 기록하세요.

 곤충 기르는 법

배추흰나비의 알은 온라인 쇼핑몰을 통해 구하기가 비교적 쉬워요. 곤충은 종류에 따라 기르는 법이 달라요. 책이나 인터넷을 통해 곤충이 살아가는 데 필요한 환경과 먹이 등을 먼저 조사한 후 사육상자를 꾸며 보세요.

어떤 결과가 나왔나요?

곤충이 자라는 모습을 매일 기록해 보세요.

곤충 이름		날짜	
크기		색깔	

곤충의 생김새

곤충의 모습이 바뀌는 시기

애벌레: ☐ 일 째   번데기: ☐ 일 째   성충: ☐ 일 째

곤충과 사망 시각

세계에서 가장 무서운 직업 1위로 뽑힌 법곤충학자! 곤충이 징그럽다고 느끼는 사람들이 많은데, 사체에 생긴 곤충을 연구한다니, 우리 친구들도 무섭고 으스스하게 느껴지나요? 하지만 법곤충학자는 매우 중요한 직업이에요. 곤충을 통해 억울한 죽음을 밝히고 사건을 해결할 수 있게 해 주니까요.

사람이나 동물이 죽으면 작은 곤충들이 모여들어요. 시간이 지남에 따라 찾아오는 곤충의 종류도 조금씩 달라져요. 우선 사체가 생긴 후 몇 시간 이내에 파리가 알을 낳기 위해 찾아오고, 좀 더 시간이 지나면 딱정벌레처럼 파리의 알이나 구더기를 먹기 위해 찾아오는 곤충들이 생겨나요. 특히 딱정벌레는 종류도 다양하고 사체가 생긴 초기 단계에서 백골이 될 때까지 찾아오기 때문에 중요한 곤충이에요. 발견한 곤충의 종류와 성장 정도를 보면 사망 시각을 예측해 볼 수 있어요. 하지만 온도와 습도 같은 환경 변화에 따라 곤충의 성장 속도에 큰 차이가 있기 때문에 사망 시각을 밝히는 것은 생각처럼 간단한 일이 아니랍니다.

그래서 법곤충학자들은 환경의 차이에 따라 사체에 발생하는 곤충 종류와 성장 속도에 대해 연구하고 있어요. 대부분은 돼지와 같은 동물 사체를 방치해두고 시간이 지남에 따라 생기는 변화를 관찰해요. 하지만 실제 사람의 사체가 다양한 환경에 노출되어 있을 때 생기는 변화를 아는 것이 사건 해결에 매우 중요하기 때문에 미국에서는 이것을 집중 연구하는 곳이 있어요. 바로 '바디 팜'이에요. '바디'는 시체, '팜'은 농장을 뜻하니 우리말로 해석하면 시체 농장이에요. 이곳에서는 기증받은 시신으로 다양한 환경에서의 사후 변화를 관찰해요. 으스스하다고 느낄 수 있지만 누군가의 억울한 죽음을 밝히기 위해 자신의 시신을 기꺼이 기증한 고마운 사람들 덕분에 사체와 곤충에 대한 데이터가 쌓여 사건 해결을 위한 기반을 마련하고 있지요.

 ## 곤충의 한살이

　과학 수사에서 가장 중요하게 다루어지고 있는 곤충 중 하나는 파리예요. 가장 먼저 사체에 도착하는 곤충이기 때문이에요. 파리는 사체에서 수분이 많고 부드러운 장소에 알을 낳아요. 시간이 지나 알이 부화하면 파리 유충인 구더기가 나와요. 알에서 갓 나온 1령 구더기는 사체를 먹으면서 자라지요. 몸집이 자란 구더기는 탈피를 통해 더 큰 2령 구더기가 되어요. 2령 구더기는 한 번 더 탈피를 하여 3령 구더기가 되지요.

　3령 구더기는 크기가 최대로 커지고 나면 먹는 것을 멈추고 적당한 장소를 찾아 번데기가 되어요. 번데기가 되고 나면 움직이지도 않고 먹지도 않지요. 그 상태로 시간이 지나면 어른 파리인 성충이 되어 날아가요. 이렇게 한 생물이 태어나서부터 죽을 때까지의 과정을 한살이라고 해요. 파리처럼 알→애벌레→번데기→성충의 한살이 과정을 거치는 곤충을 완전탈바꿈 곤충이라고 해요.

　파리처럼 완전탈바꿈을 하는 곤충에는 나비, 장수풍뎅이 등이 있어요. 이와는 다르게 번데기 과정을 거치지 않고 알→애벌레→성충이 되는 곤충들을 불완전탈바꿈 곤충이라고 해요. 불완전탈바꿈 곤충 중에는 애벌레와 성충의 모습이 닮은 것이 많아요. 불완전탈바꿈 곤충에는 잠자리, 매미, 사마귀 등이 있어요.

	완전탈바꿈	불완전탈바꿈
한살이	알 → 애벌레 → 번데기 → 성충	알 → 애벌레 → 성충
종류	파리, 나비, 장수풍뎅이	잠자리, 매미, 사마귀

 ## 시식성 곤충과 미생물이 지키는 생태계

　곤충들이 사망 시각을 밝혀 주어 피해자의 억울함을 풀어 주는 것은 참 고마운 일이죠. 그럼에도 곤충들이 여전히 많이 징그럽다고요? 생물이 죽으며 작은 곤충들이 모여드는 것은 자연스러운 현상이에요. 곤충들은 사체를 먹이나 삶의 터전으로 삼으면서 분해하는 역할을 하는 아주 고마운 생물들이에요. 마찬가지로 곰팡이나 세균 등의 미생물도 사체를 잘게 분해하여 양분으로 만들어 다른 생물이 이용할 수 있도록 하지요. 곤충이나 미생물이 사체를 분해하지 않는다면 지구는 온통 시체로 가득했을 수도 있어요. 그게 더 으스스하지 않나요?

두근두근! 실제 현장을 잡아라!

13세기에도 사건 해결에 도움을 준 파리

　13세기 중국에서 쓰인 『세원집록』이라는 책에도 법곤충학을 통해 사건을 해결한 기록이 있어요. 어느 마을에서 한 농부가 낫으로 살해를 당한 사건이 일어났어요. 그런데 그 마을에 사는 사람들은 대부분 농부여서 낫을 가지고 있지 않은 사람을 찾기 힘들 정도였지요.
　마을 수령은 어떻게 하면 범인을 잡을 수 있을지 고민하다가 방법을 생각해 냈어요. 그러곤 마을 농부 모두에게 자신의 낫을 들고 모이라는 명령을 했지요. 농부들은 가지고 온 낫을 바닥에 내려놓았어요. 시간이 흐른 후 하나의 낫에만 파리가 모여들기 시작하였어요. 수령은 낫의 주인을 범인으로 보고 자백을 받아냈어요. 범인은 사건을 저지른 후 낫을 세척하였지만 아주 미량 남아 있던 혈흔의 냄새를 맡고 몰려든 파리 때문에 범인을 잡을 수 있었던 것이에요.

― 출처 인용 **법의 곤충학**

집주인의 억울함을 밝혀 준 곤충

　1850년대 프랑스 파리의 한 주택을 수리하던 도중 벽 안쪽에서 아이의 시신이 발견되었어요. 곧 집주인이 용의자로 지목되었지요. 그런데 아이의 시신을 확인하던 법의학자는 집주인이 범인이 아닐 것이라고 주장하였어요. 바로 시신에서 발견된 나방과 번데기 때문이었어요. 이 곤충들이 나타날 수 있는 시기를 바탕으로 아이는 적어도 몇 년 전 벽 속에 묻혔다는 사실을 알아냈지요. 이러한 사실을 통해 이사를 온 지 얼마 안 된 현재 집 주인이 아닌 과거 이 집에 살았던 사람이 진짜 범인이었다는 사실을 알아내었어요.

― 출처 인용 **미시간 교차로**

과학관 유튜브
[과학관 Life : 곤충쌤과 함께하는 곤충클레이] 슬기로운 나비생활

핏자국은 말을 한다

1. 혈흔이 남긴 진실
2. 주장을 뒤집은 핏자국

혈흔이 남긴 진실

핵심 개념 길이, 각도
연계 교과 초등 수학 3학년 1학기 5. 길이와 시간

> **실험 목표**
> 1. 각도별 낙하 혈흔의 특징을 알 수 있다.
> 2. 높이별 낙하 혈흔의 특징을 알 수 있다.

사건 열기

1. 혈흔이 남긴 진실

수사 과정

1 혈흔이 떨어진 방향을 어떻게 알 수 있을까요?

현장에는 약간의 피들이 떨어져 있었어요. 주변에 있던 학생들의 말로는 다행히 코피였다고 하네요. 하지만 학생들은 누가 싸웠는지는 말해 주지 않았어요. 그래서 일단 혈흔에 집중하기로 했어요. 나는 증거 보호를 위해 학생들을 내보냈고, 싸운 학생들이 도망간 방향을 빠르게 확인하여 선생님께 그 방향으로 가 보시라고 말씀드렸어요. 어떻게 방향을 확인했을까요?

만약 이동하면서 코피를 흘렸다면 코피는 땅에 비스듬히 떨어졌을 거예요. 즉 코피가 이동한 선과 땅과의 각도는 90°가 아니에요. 코피를 흘린 학생들이 이동한 방향을 확인하기 위해 먼저 코피가 떨어진 각도가 90°가 아닌지부터 확인해야겠어요. 이를 위해 모조 혈액을 이용하여 혈액이 떨어진 모양이 어떻게 다른지 살펴볼게요.

모조 혈액을 비스듬히 떨어뜨리는 것은 쉽지 않으므로, 모조 혈액을 수직으로 떨어뜨리고, 대신 받침대를 기울여서 모조 혈액이 떨어진 각도를 다르게 바꿔 줄 거예요.

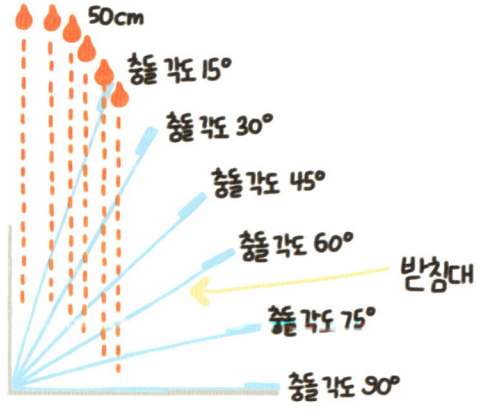

 *충돌 각도 핏방울의 이동선과 충돌 표면과의 각도를 말해요.

 각도에 따른 낙하 혈흔의 특징을 설명할 수 있다.

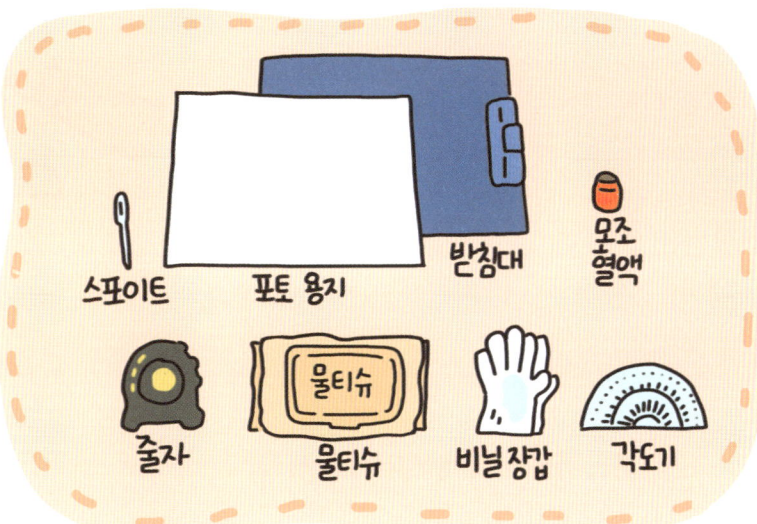

 앗! 잠깐

1. 모조 혈액이 피부나 옷에 튀거나 묻으면 잘 안 지워지므로 묻지 않게 조심하세요.
2. 스포이트로 모조 혈액을 떨어뜨릴 때 공기 방울이 나오지 않도록 조심하세요. 모조 혈액 방울이 터지면 실험 결과에 영향을 줄 뿐만 아니라 원하는 위치가 아닌 곳에 모조 혈액이 묻어 실험 결과를 정확히 판단할 수 없어요.

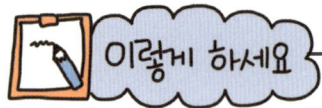

이렇게 하세요

※ 두 사람이 한 조가 되어 진행하세요. 모조 혈액이 묻더라도 잘 닦일 만한 곳에서 실험을 진행하세요.

1. 받침대에 종이를 붙여 주세요.
2. 받침대에 각도기를 대고 원하는 각도로 잡아 주세요. 각도를 잡을 때는 각도기 읽는 법을 참고하세요.
3. 50 cm 위에서 모조 혈액을 스포이트로 조심스럽게 떨어뜨려 보세요.
4. 결과를 그려 보고, 종이의 각도를 달리 해서 모조 혈액을 떨어뜨렸을 때는 어떤 차이가 있는지 비교하여 확인해 보세요.

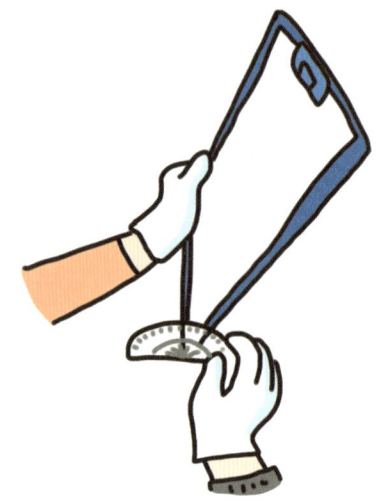

Tip — 각도기는 어떻게 읽어야 할까요?

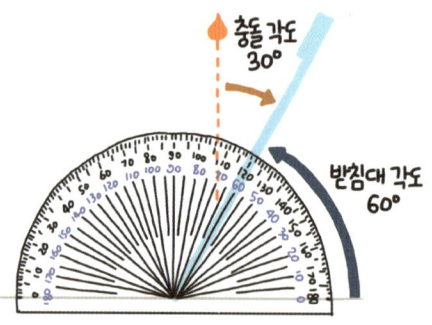

1. 먼저 각도기를 받침대의 옆면과 수직하게 붙여 주세요.
2. 그 다음 각도기의 반원 중심점부터 받침대 옆면이 맞닿도록 위치를 잘 잡아 주세요.
3. 보통의 각도기에는 각도마다 숫자가 두 개씩 적혀 있어요. 받침대와 땅과의 각도를 잴 때는 두 개의 숫자 중 작은 숫자를 읽으면 돼요.
4. 바닥과 받침대와의 각도를 먼저 재고, 그 값을 90°에서 빼주면 원하는 충돌 각도(비스듬히 떨어지는 핏방울의 이동선과 땅과의 각도)를 알 수 있어요.

 **앗! 잠깐**

받침대를 큰 각도로 세운 경우 모조 혈액을 종이에 잘 맞춰서 떨어뜨리는 것이 쉽지 않아요. 이때는 각도기를 보는 방향에서 모조 혈액이 떨어질 위치를 파악하면서 실험하면 조금 더 수월하게 실험할 수 있어요.

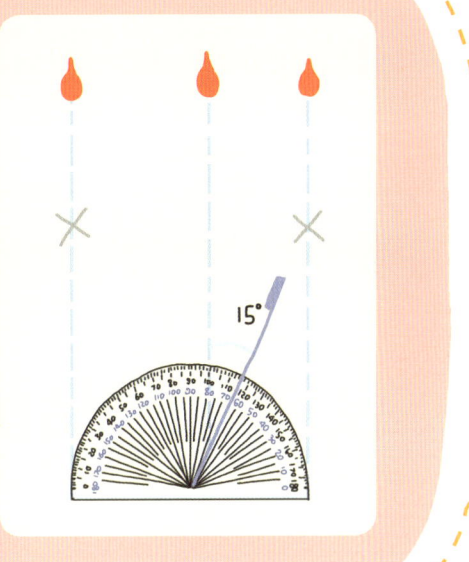

어떤 결과가 나왔나요?

1. 충돌 각도에 따른 혈흔의 모양을 그림으로 그려 보세요.

[높이가 50 cm일 때]

충돌 각도 15° 일 때	혈흔의 모양	충돌 각도가 45° 일 때	혈흔의 모양
충돌 각도 15°		충돌 각도 45°	

1. 혈흔이 남긴 진실

충돌 각도 75° 일 때	혈흔의 모양	충돌 각도 90° 일 때	혈흔의 모양
충돌 각도 75°		충돌 각도 90°	

2. 각도에 따라 혈흔의 모양이 어떻게 달라지는지 써 보세요.

___

나 하니는, 싸운 학생들이 어디로 갔는지 이야기해 주지 않았다고 가만히 있을 수만은 없죠. 확인한 혈흔의 모양은 충돌 각도가 75° 정도의 모양을 가진 것들이었어요. 따라서 코피는 꼬리가 생긴 방향 쪽으로 이동하면서 떨어졌다고 추리할 수 있었어요. 이렇게 출혈 부위가 이동하면서 생기는 혈흔을 낙하 연결 혈흔이라고 해요. 연결 혈흔의 방향은 바로 체육관의 왼쪽 뒷문으로 향한 것이었어요. 연결 혈흔을 이용해서 싸운 학생들이 도망간 방향을 찾은 것이지요. 지금 바로 혈흔이 향하는 방향으로 가 보면 싸운 학생들을 찾을 수도 있을 거예요. 선생님께 빨리 가 보시라고 말씀드렸죠.
너무 단서가 적은 것 아니냐고요? 맞아요! 이 정도로는 부족해요. 다른 정보를 더 알아내야겠어요!!

수사 과정

2 혈흔이 떨어진 높이를 어떻게 알 수 있을까?

코피가 떨어진 모습을 보니 혈흔의 크기가 매우 컸어요. 더 자세히 살펴봤죠. 혈흔의 크기를 보고 코피를 흘린 학생의 키가 매우 크다는 것을 알 수 있었어요. 어떻게 코피가 떨어진 것만 보고 학생의 키를 추정할 수 있는지 궁금하죠? 우리는 이 내용을 알기 위해 높이별로 모조 혈액을 떨어뜨려 볼 거예요.

 높이에 따른 낙하 혈흔의 특징을 설명할 수 있다.

1. 혈흔이 남긴 진실   119

 **앗! 잠깐**

1. 스포이트에서 모조 혈액을 떨어뜨릴 때 손이 너무 떨린다면 모조 혈액 방울이 옆으로 떨어질 수 있어요. 이때 다른 손가락을 스포이트의 관 끝에 살짝 대주면 심하게 떨리지 않을 거예요.
2. 스포이트에서 나온 모조 혈액은 한 방울이 오로지 중력에 의해서만 똑 떨어져야 해요. 손가락으로 스포이트 고무를 눌러서 짜면 모조 혈액이 많이 나올 수 있으니 주의하세요. 정확한 실험을 위해 핏방울이 최대한 중력에 의해서만 떨어지도록 스포이트를 살살 눌러 주세요.
3. 모조 혈액을 떨어뜨릴 때 줄자에 묻을 수 있으니 줄자와 조금 거리를 두고 떨어뜨리세요. 높이를 확인한 다음 줄자를 치우고 떨어뜨리면 좋아요.
4. 모조 혈액이 묻었을 때 잘 닦일 만한 장소에서 실험을 하세요.

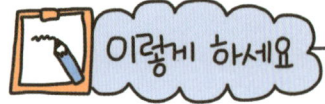 **이렇게 하세요**

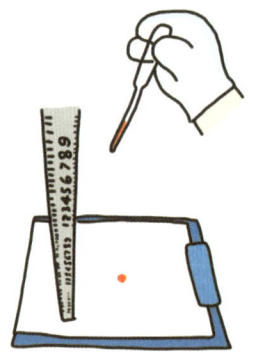

＊두 명이 한 조를 이루어 실험하세요.
1. 받침대에 종이를 붙여 주세요.
2. 한 명이 받침대에 줄자를 수직으로 해 주세요.
3. 다른 한 명이 10 cm 위에서 모조 혈액을 스포이트로 조심스럽게 떨어뜨리세요.
4. 높이를 달리 해서 모조 혈액을 떨어뜨렸을 때는 어떤 차이가 있는지 결과를 그림으로 그려 보고, 비교해서 확인해 보세요.

앗! 잠깐

만약 높이가 높아지는데 혈흔의 크기가 점점 작아진다면 실험을 다시 해 보세요. 자신도 모르게 힘을 주어 빠르게 떨어져서 크기가 커진 것일 수 있어요.

1. 높이에 따른 혈흔의 모양을 그려 보세요.

높이가 10 cm일 때   높이가 30 cm일 때   높이가 60 cm일 때

높이가 90 cm일 때   높이가 150 cm일 때   높이가 250 cm일 때

2. 높이에 따라 혈흔의 모양이 어떻게 달라지는지 써 보세요.

사건을 마무리해 볼까요?

이제 현장에 있던 코피 혈흔을 분석해 볼까요? 현장에서 발견된 원형의 코피 혈흔들은 높이가 160 cm에서 떨어진 혈흔과 비슷한 크기로 나왔어요. 코피를 흘린 학생이 서서 싸우는 자세에서 코피가 코에서 떨어지거나 흘러서 턱에서 떨어졌다면 그 학생의 키는 180~190 cm 이상일 가능성이 있어요.

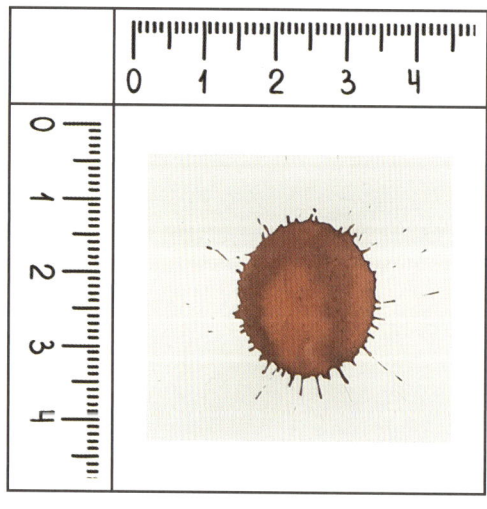

우리 초등학교에서 키가 180 cm 이상인 학생은 많지 않을 거 같아요.
혈흔의 방향을 보고 선생님께서 빠르게 추적한 결과 코피가 묻은 채로 싸우는 두 학생을 발견할 수 있었어요. 특히 한 학생은 하니의 추정대로 키가 192 cm로 학교에서 가장 키가 큰 최하웅 학생이었어요. 다행히 두 학생은 서로 사과하며 오해를 풀고 현재는 절친한 사이가 되었다고 하네요. 오늘도 명탐정 하니의 과학 수사 성공!

160 cm 재연 혈흔

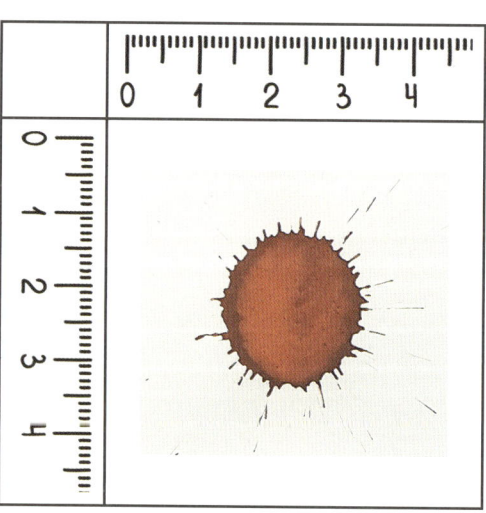

현장 혈흔

혈액이 아닌 빨간 색소물이 떨어지면 어떤 모습일까?

> 빨간색 물이 떨어진 자국은 혈액이 떨어진 자국과 모양이 어떻게 다를까요? 물에 색소를 타서 떨어뜨려 볼게요.

 색소를 탄 물을 높이별로 떨어뜨려서 자국의 생김새를 비교해 볼 수 있다.

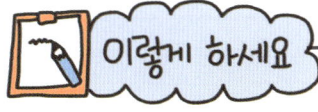

1. 컵에 물을 100 mL 정도 받아서 식용 색소 가루 한 봉지를 넣고 막대로 저어서 완전히 녹여 주세요.
2. 받침대에 포토 용지를 고정시키고 줄자를 수직으로 해 주세요.
3. 10 cm 위에서 색소물을 스포이트로 조심스럽게 떨어뜨려 보세요.
4. 높이를 달리 해서 결과를 그려 보고, 모조 혈액의 결과와 비교해 보세요.

1. 높이에 따른 물자국의 모양을 그림으로 그려 보세요.

| 높이 10 cm | 높이 30 cm | 높이 60 cm |

2. 높이에 따른 물자국의 모양은 혈흔의 모양과 무엇이 다른가요? 아래의 사진을 보고 차이점을 적어 보세요.

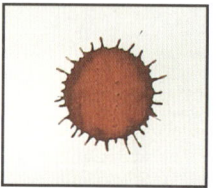
60 cm 모조 혈액

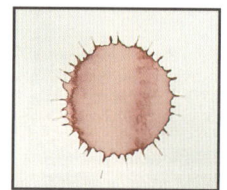
60 cm 식용 색소물

혈액과 색소물은 구성 성분도 다르고 액체가 서로 잡아당기는 정도나 끈적한 정도도 서로 달라요. 그래서 둘의 흔적도 모양이나 크기에서 차이가 나요.

튼튼 과학

 **비스듬히 떨어진 핏자국에 꼬리나 돌기는 왜 생기는 걸까요?**

핏방울은 공기 중으로 날아갈 때 거의 구형의 모습이에요(구형은 공처럼 둥근 모양을 말해요). 구형의 핏방울이 표면에 닿을 때 아직 표면에 닿지 않은 핏방울 부분이 이동 방향으로 계속 가려는 성질(관성) 때문에 꼬리가 만들지는 것이에요. 이때 충돌 각도가 크다면 핏방울이 표면에 부딪힌 충격으로 작게 튀어나가는 돌기가 많이 생겨요. 낙하 방향에 따라 꼬리나 돌기도 같은 방향으로 생기죠. 이때 여러 개의 혈흔을 연결해서 방향을 알 수 있는 혈흔을 낙하 연결 혈흔이라고 해요.

 **높이에 따른 낙하 혈흔은 어떤 모습인가요?**

핏방울은 스포이트에서 힘을 받지 않고 스스로의 무게만으로 떨어질 경우 항상 비슷한 크기의 구형으로 떨어져요. 핏방울이 바닥과 부딪히면 그 충격에 의해 사방으로 퍼지고 작은 방울들이 옆으로 튀기게 돼요. 떨어지는 높이가 낮을수록 옆으로 뾰족하게 튀어나온 돌기 없이 단순한 원형의 모습을 보여요. 그리고 높은 곳에서 떨어질수록 돌기가 많은 것을 알 수 있어요. 또한 높은 곳에서 떨어질수록 대체로 원의 크기가 더 커지는 모습을 볼 수 있어요

		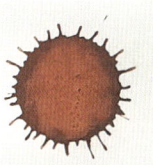	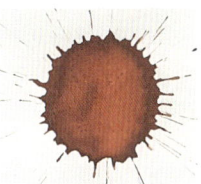
10 cm	30 cm	60 cm	90 cm

충돌 각도가 다른 낙하 혈흔은 어떤 모습인가요?

공기 중에 날아가는 구형의 핏방울이 그 모습 그대로 땅에 수직으로 떨어졌다면 모양 역시 동그란 원형이에요. 다만 살짝 튄 돌기들이 뾰족하게 모든 방향으로 튀어나와 있어요. 충돌 각도가 75°, 60°, 45°처럼 비스듬하게 떨어지면 모양이 점점 길쭉한 타원의 모습이 될 거예요. 그리고 비스듬하게 떨어질수록 점점 돌기들이 하나의 큰 꼬리로 바뀌는 모습을 볼 수 있어요. 따라서 코피를 흘리며 달려갔다면 혈흔의 모습은 달려가는 방향으로 돌기가 길어지거나 꼬리가 생긴다는 것을 알 수 있어요.

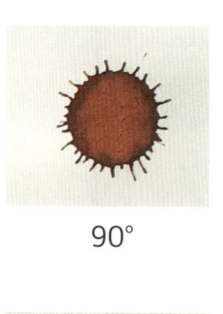
90°

75°

60°

45°

30°

15°

두근두근! 실제 현장을 잡아라!

이태원 살인 사건

　1997년 4월 3일 서울 이태원에 있던 햄버거 가게 화장실에서 조 모 씨가 살해당하였어요. 조 씨는 여자친구와 햄버거 가게에 들러서 주문하고 화장실에 잠시 들렀다가 갑자기 봉변을 당한 거예요.

　검찰은 처음에 2명의 용의자 중 한 명이었던 에드워드를 살인죄로 기소하고 패터슨은 증거 인멸과 흉기 소지죄로 기소하였어요. 하지만 패터슨은 그 과정에서 검찰 실수로 출국 정지가 잠깐 풀린 기간에 미국으로 도망을 쳤어요. 에드워드는 증거 불충분으로 1999년 9월에 무죄가 확정되었어요.

　유족들이 얼마나 안타까웠을까요? 그렇게 시간은 하염없이 흘러갔어요. 하지만 검찰은 희망을 놓지 않았어요. 2008년 우리나라에는 혈흔 형태 등을 분석해서 증거화하는 과학 수사 기법이 도입되었어요. 이를 통해 다시 희망의 불씨가 타오르기 시작했죠. 검찰은 다시 법원에 재판을 청구하였어요.

　검찰이 다시 재판을 청구할 수 있었던 것은 혈흔 분석의 힘이 컸어요. 검찰은 경찰청에 당시 범행 현장의 사진과 기록 등을 제공하고 혈흔 분석을 의뢰하였어요. 경찰에 따르면 화장실 벽에 '선상 분출 혈흔', 오른쪽 벽면에 흉기에서 떨어진 피인 '이탈 혈흔', 세면대 등에 피해자 신체 일부가 접촉하며 묻은 '묻힌 혈흔', 패터슨의 신발에 피해자의 신체에서 떨어진 '낙하 혈흔' 등을 통해 사건이 어떻게 벌어졌는지 재구성하였어요. 그러고는 당시의 증언과 일치하는 분석 결과를 확인하였어요. 이를 토대로 검찰은 패터슨을 다시 기소하게 되었죠.

　결국 미국 법원의 판결을 통해 패터슨은 2015년 9월 23일 우리나라로 송환되었어요. 대법원은 "패터슨이 피해자를 흉기로 찔러 살해했음이 의심할 여지 없이 충분히 증명됐다."고 하며 징역 20년 형을 확정지었어요. 에드워드의 경우 공모자로 가담했다고 평가했지만 일사 부재리의 원칙*에 의해 정식 재판을 할 수 없어 유족들은 안타까워하는 상황이에요.

— 출처 인용 **아시아 경제**

* **일사 부재리의 원칙** 이미 확정된 범죄 사건 판결에 대해 다시 재판할 수 없다는 원칙을 말해요.

주장을 뒤집은 핏자국

핵심 개념 길이, 각도
연계 교과 초등 수학 3학년 1학기 5. 길이와 시간 | 중학교 수학 3학년 2학기 Ⅰ. 삼각비

실험 목표

1. 휘두름 이탈 혈흔의 특징을 설명할 수 있다.
2. 충격 비산 혈흔의 특징을 설명할 수 있다.

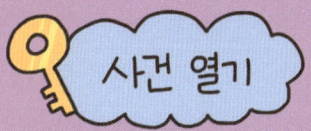

수사 과정

1 철자를 휘둘렀다는 것을 어떻게 알 수 있을까?

마침 손님도 없었고, 유일한 목격자는 식당 주인뿐이에요. 그런데 주인 아주머니는 무서운 나머지 밖으로 나가서 신고하느라 싸우는 걸 제대로 못 봤다고 해요. 주인 아주머니의 증언에 따르면 싸움이 있은 뒤 카운터의 볼펜꽂이가 떨어져 있었다고 했어요.

볼펜꽂이에는 볼펜들과 철자, 수정펜 등 기본적인 사무용품들이 꽂혀 있었던 것 같아요. 하지만 볼펜꽂이는 카운터 구석에 있었고 두 사람이 싸운 위치는 이보다 조금 떨어져 있었는데, 왜 볼펜꽂이가 떨어져 있었는지 이상했어요. 고민하던 그때 카운터 반대편 벽에 있는 혈흔이 눈에 띄었어요!

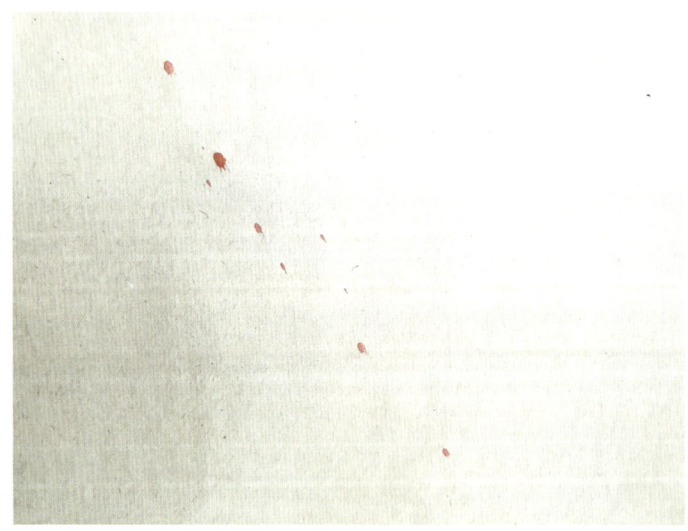

벽에 있는 혈흔들이 직선 상으로 분포하는 것으로 보아 어떤 도구를 휘두를 때 날아온 것 같았어요. 과연 이 혈흔들은 어떤 도구에서 날아온 것일까요? 간단한 비교를 위해 철자와 야구 방망이를 휘둘렀을 때 생기는 혈흔을 비교하여 관찰해 볼까요?

 야구 방망이와 철자에 의한 휘두름 이탈 혈흔을 구분하고 설명할 수 있다.

 앗! 잠깐

1. 휘두름 이탈 혈흔 실험은 모조 혈액이 많이 튈 수 있으니 모조 혈액이 묻어도 괜찮은 장소에서 진행하세요.
2. 도구를 휘두르기 전 깨지거나 부서질 것들이 없는지 살펴보고, 실험하지 않는 친구들은 위험할 수 있으니 실험 공간과 멀리 떨어져 있도록 하세요.
3. 도구를 휘두를 때는 안전에 유의하세요.

 이렇게 하세요

1. 먼저 모조 혈액이 옷에 묻지 않도록 방진복과 마스크, 보안경, 실험용 장갑, 덧신을 착용해 주세요.
2. 크래프트지를 길게 잘라 벽에 붙여 주세요.
3. 충분한 양의 모조 혈액을 철자에 묻혀 크래프트지 쪽으로 휘둘러 보세요.
4. 모조 혈액이 튄 크래프트지를 떼어 내고 새 크래프트지를 2의 과정과 같이 잘라 벽에 붙여 주세요.
5. 충분한 양의 모조 혈액을 야구 방망이에 묻혀 크래프트지 쪽으로 휘두른 뒤 3에서 만들어진 혈흔과 비교해 보세요.

어떤 결과가 나왔나요?

1. 철자와 야구 방망이에 의한 휘두름 이탈 혈흔은 어떻게 다른가요? 그 특징을 그림으로 그려 보세요.

철자를 휘둘렀을 때	야구 방망이를 휘둘렀을 때

카운터 맞은편 벽면의 혈흔을 확인해 보니, 크기가 대부분 1~4 mm로 작았어요. 또 혈흔들이 모여 있는 선 모양의 폭도 5 cm 안팎으로 아주 좁았어요.

이것은 야구 방망이 같은 두꺼운 도구와는 반대로 아주 얇은 물체에 의해 날아 온 휘두름 이탈 혈흔이라고 생각할 수 있어요. 또한 그날 남 모 씨가 입고 있던 옷에도 같은 원인으로 추정되는 휘두름 이탈 혈흔이 있었다는 것이 발견되었어요. 이것은 휘두름 이탈 혈흔이 남 모 씨의 옷에 막혀서 벽에 남은 혈흔의 일부가 잘린 현상까지 그대로 설명할 수 있었어요.

여러 증거들이 계속 나오자 결국 민 모 씨는 철자를 휘둘렀다고 자백하였어요. 위협만 가하려고 했을 뿐 실제로 남 모 씨에게 닿은 적은 없었다고 하네요. 그리고 도망치기 전에 빠르게 옷으로 철자를 문지르며 지문을 닦아서 던져놨다고 했어요.

여러 혈흔과 자백을 통해 민 모 씨가 거짓말을 했고, 철자를 휘둘렀다는 사실이 확인되었어요. 이제 남 모 씨가 한 말을 살펴보려고 해요. 남 모 씨는 진실을 이야기했을까요? 남 모 씨는 정말 딱 한 번만 가볍게 때린 걸까요?

2 수사 과정
주먹질을 확인하라!

민 모 씨의 주장에 따르면 남 모 씨가 여러 번 주먹질을 하였으며 민 모 씨는 그중 몇 대를 맞았다고 해요. 민 모 씨의 얼굴이 많이 상했는데 이를 두고 남 모 씨는 자기가 때린 게 아니라고 주장하고 있어요. 서로 술에 취해 있었기 때문에 민 모 씨가 넘어지면서 어딘가에 부딪혔을 수도 있다는 거예요. 과연 현장에는 민 모 씨의 주장을 뒷받침해 줄 증거가 남아 있을까요?

앗! 테이블 옆의 벽에도 혈흔들이 보여요! 이 혈흔들은 어떻게 만들어졌을까요? 어느 특정 지점에서 여러 개의 핏방울이 튀어나온 거 같아요.

만약 코피를 많이 흘리던 민 모 씨에게 남 모 씨가 주먹을 휘둘렀다면 권투선수의 망치같이 강한 주먹에 의해 코피가 충격을 받아서 날아 흩어졌을 거예요. 이런 혈흔을 충격 비산 혈흔이라고 해요. 실험을 통해 확인해 볼까요?

3부 핏자국은 말을 한다

 **목표** 충격 비산 혈흔을 분석하여 발혈점*을 추정할 수 있다.

 **준비물**

앗! 잠깐

1. 실험 중 모조 혈액이 많이 튈 수 있어요. 옷이나 주변 물건에 묻지 않도록 조심하세요.
2. 타원이 잘 보이는 혈흔을 선택할 때 너무 길쭉하거나 원형인 혈흔은 피하세요.

* **발혈점** 혈액 방울들의 출발 지점을 말해요.
* **스케일 루페** 정밀한 자 눈금이 그려져 있어서 작은 대상의 크기를 확인할 때 쓸 수 있는 확대경

[1] 충격 비산 혈흔 재현하기

1. 먼저 방진복, 실험용 장갑, 보안경, 덧신을 착용해 주세요.
2. 크래프트지를 벽에 붙여 주세요.
3. 왼 손바닥을 오므려서 모조 혈액을 조금 담고, 벽면 앞에 서서 왼손의 위치를 크래프트지에 기록해 놓아요.
4. 크래프트지 앞에서 오른 손바닥으로 왼손의 모조 혈액이 고여 있는 부분을 강하게 내려치세요.

[2] 충격 비산 혈흔의 충돌 각도 계산하기

▲ 스케일 루페로 본 모습

1. 방향성이 잘 보이는 혈흔을 두 개 이상 골라서 타원의 긴 지름의 길이를 스케일 루페를 이용하여 최대한 정밀하게 측정하세요.

2. 앞에서 선택한 혈흔에 대해 타원의 짧은 지름의 길이를 스케일 루페를 이용하여 최대한 정밀하게 측정하세요.

3. 각각의 혈흔들에 대해 짧은 지름 길이를 긴 지름 길이로 나눈 값을 계산하세요.

> 2.4 mm ÷ 5.2 mm = 0.46153···　　약 0.46
> 1 mm ÷ 2 mm = 0.5

4. 다음의 표를 이용하여 계산값에 해당되는 충돌 각도를 확인하세요.

0.46 ⇨ 27.4	0.46일 때의 충돌 각도는 27.4도예요.
0.5 ⇨ 30.0	0.5일 때의 충돌 각도는 30도예요.

 **충돌 각도를 어떻게 계산할까요?**

① 계산기를 이용하여 '짧은 지름 ÷ 긴 지름'을 계산해 주세요.
② 아래 표에서 계산한 값에 대응하는 충돌 각도를 찾으세요.

짧은 지름 ÷ 긴 지름	충돌 각도 (°)	짧은 지름 ÷ 긴 지름	충돌 각도 (°)	짧은 지름 ÷ 긴 지름	충돌 각도 (°)	짧은 지름 ÷ 긴 지름	충돌 각도 (°)
0.01	0.6	0.26	15.1	0.51	30.7	0.76	49.5
0.02	1.1	0.27	15.7	0.52	31.3	0.77	50.4
0.03	1.7	0.28	16.3	0.53	32.0	0.78	51.3
0.04	2.3	0.29	16.9	0.54	32.7	0.79	52.2
0.05	2.9	0.3	17.5	0.55	33.4	0.8	53.1
0.06	3.4	0.31	18.1	0.56	34.1	0.81	54.1
0.07	4.0	0.32	18.7	0.57	34.8	0.82	55.1
0.08	4.6	0.33	19.3	0.58	35.5	0.83	56.1
0.09	5.2	0.34	19.9	0.59	36.2	0.84	57.1
0.1	5.7	0.35	20.5	0.6	36.9	0.85	58.2
0.11	6.3	0.36	21.1	0.61	37.6	0.86	59.3
0.12	6.9	0.37	21.7	0.62	38.3	0.87	60.5
0.13	7.5	0.38	22.3	0.63	39.1	0.88	61.6
0.14	8.0	0.39	23.0	0.64	39.8	0.89	62.9
0.15	8.6	0.4	23.6	0.65	40.5	0.9	64.2
0.16	9.2	0.41	24.2	0.66	41.3	0.91	65.5
0.17	9.8	0.42	24.8	0.67	42.1	0.92	66.9
0.18	10.4	0.43	25.5	0.68	42.8	0.93	68.4
0.19	11.0	0.44	26.1	0.69	43.6	0.94	70.1
0.2	11.5	0.45	26.7	0.7	44.4	0.95	71.8
0.21	12.1	0.46	27.4	0.71	45.2	0.96	73.7
0.22	12.7	0.47	28.0	0.72	46.1	0.97	75.9
0.23	13.3	0.48	28.7	0.73	46.9	0.98	78.5
0.24	13.9	0.49	29.3	0.74	47.7	0.99	81.9
0.25	14.5	0.5	30.0	0.75	48.6	1	90.0

[3] 충격 비산 혈흔의 충돌 각도를 이용하여 발혈점 찾기

1. 먼저 선택한 혈흔의 꼬리 방향과 반대 방향으로 직선을 그려 주세요.

2. 타원 모양의 혈흔의 중심점에서 고무줄이 시작되도록 고무줄을 테이프로 붙여 주세요.

 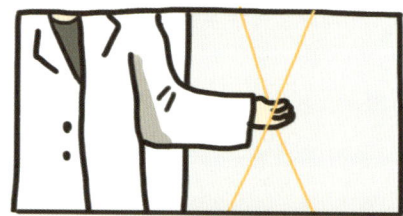

3. 타원의 중심과 연필로 표시한 직선에 맞춰서 각도기를 대 주세요. 그리고 혈흔 꼬리의 반대 방향으로 타원의 중심부터 충돌 각도만큼 고무줄을 연결하여 맞은 편에도 고무줄을 붙여 주세요.

4. 몇 개의 혈흔을 더 골라 1~3의 과정을 반복한 후 고무줄이 교차하는 지점을 확인하여 충격 비산 혈흔의 발혈점 위치와 비교해 보세요. 자세한 방법은 140쪽의 Tip을 확인하세요.

연결된 줄들이 잘 교차하나요?

혈흔 1	혈흔 2
긴 지름:	긴 지름:
짧은 지름:	짧은 지름:
충돌 각도:	충돌 각도:

고무줄은 어떻게 연결할까요?

먼저 타원이 잘 보이는 혈흔을 선택해요. 너무 원형이거나 너무 길쭉한 타원형은 피하세요. 그 다음 혈흔의 긴 지름 방향으로 직선을 그려 주세요(①). 이어서 혈흔 타원의 중심점에서 고무줄이 시작하도록 고무줄을 테이프로 붙여 주세요(②). 그리고 연필로 그린 직선에 각도기의 밑부분을 맞춘 다음 각도기를 벽과 수직하게 세워 주세요(③). 마지막으로 혈흔에 대해 계산한 충돌 각도에 맞춰 혈흔 꼬리의 반대편으로 고무줄을 팽팽하게 당겨 반대편에 붙여 주세요(④).

위 활동을 한 개 이상 반복해서 고무줄의 교차점을 찾아주세요(⑤).

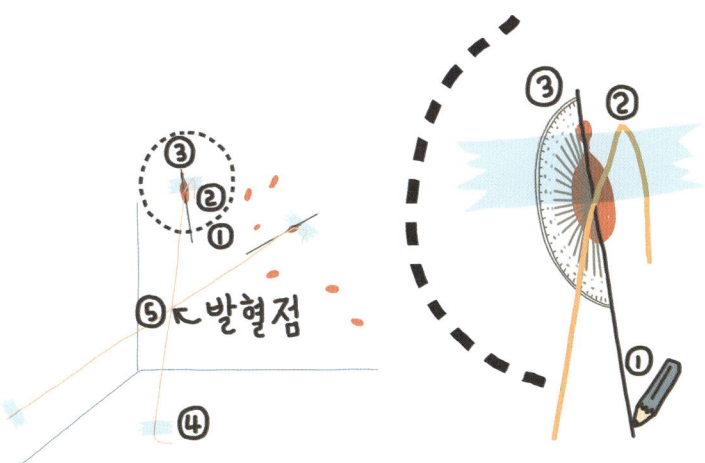

과학 수사 성공!

남 모 씨도 거짓말을 했네요. 테이블 위쪽의 충격 비산 혈흔을 분석한 결과 발혈점은 한 개가 아니라 적어도 두 개 이상으로 확인되었어요. 이것은 다른 위치에서 민 모 씨가 코피가 있는 부분을 맞으면서 혈액이 튀어 나간 흔적이 두 번 이상 있었다는 것을 말해 주는 상황이에요. 화가 난 민 모 씨가 주위의 철자를 발견하고는 코피가 흥건했던 손으로 잡고 휘둘러서 휘두름 이탈 혈흔도 생겼던 거였어요. 서로 거짓말을 했던 것이 들통나자 민 모 씨와 남 모 씨는 서로 민망해 하였어요. 두 사람은 잘못을 시인하고 미안하다고 사과를 하였어요. 오늘도 명탐정 하니의 과학 수사 성공!

사건 현장

- 남 모 씨가 화나서 이동 후 주먹질
- 주먹방향
- 1차 코피 충격 비산 혈흔* 방향
- 2차 코피 충격 비산 혈흔 방향
- 민 모 씨 철자 발견 후 이동
- 불편못이
- 카운터
- 민 모 씨 철자들고 이동 후 휘두름
- 철자 휘두름 방향
- 철자 휘두름 이탈 혈흔* 방향
- 남 모 씨에게 막혀 휘두름 이탈 혈흔의 일부가 갈린 부분
- 남 모 씨의 옷에 휘두름 이탈 혈흔의 일부가 묻음
- 주방
- 문
- 신고하러 나온 식당주인

* **휘두름 이탈 혈흔** 도구를 휘둘렀을 때 도구에 묻어 있던 혈액이 떨어져 나와 생긴 혈흔이에요.
* **충격 비산 혈흔** 혈액이 있는 곳을 도구로 강하게 쳐서 충격에 의해 혈액이 날아 흩어져 생긴 혈흔이에요.

튼튼 과학

 휘두른 도구에 따라 휘두름 이탈 혈흔은 어떻게 다를까요?

칼과 같이 예리하고 날카로운 부분이 붙어 있는 물체를 '예기'라고 해요. 그리고 이런 예기에 묻어 있던 혈액이 예기를 휘둘렀을 때 떨어져 나와 벽에 묻었을 경우 그 혈흔을 예기에 의한 휘두름 이탈 혈흔이라고 해요. 이 혈흔은 하나 하나의 크기가 보통 1~4 mm 정도로 작고 좁은 폭으로 모여 있어요.

반면 야구 방망이와 같이 날카로운 부분이 없는 물체는 '둔기'라고 해요. 옆의 사진처럼 야구 방망이에 묻은 혈액에 의한 휘두름 이탈 혈흔은 하나 하나의 혈흔 타원의 크기가 예기의 것보다 크고 더 넓은 폭으로 모여 있는 모습을 볼 수 있어요.

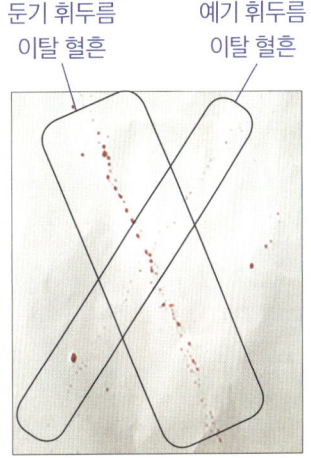

둔기 휘두름 이탈 혈흔 / 예기 휘두름 이탈 혈흔

 어떻게 혈흔의 타원을 보고 충돌 각도를 알 수 있을까요?

충돌 각도란 혈액이 충돌한 면과 혈액의 이동선과의 각도를 의미해요. 혈액이 공기 중에서 날아갈 때는 구의 모양으로 날아가요. 그리고 벽이나 바닥에 비스듬히 부딪히게 되면 타원 모양의 혈흔이 만들어져요.

이때 충돌한 면에 비스듬히 부딪힐수록 혈흔 타원의 짧은 지름은 충돌 전의 구의 지름과 거의 같지만 긴 지름은 점점 더 길게 만들어져요. 즉, 충돌 각도가 작을수록 타원의 긴 지름은 짧은 지름보다 길어져요. 이것은 혈액 방울의 크기와 상관없이 같은 각도라면 항상 같은 비율로 길어진답니다. 예를 들어서 2 mm 지름의 혈액 방울이 충돌 각도 30°로 충돌하였을 때 혈흔 타원의 긴 지름의 길이는 4 mm가 될 거예요. 같은 각도로 3 mm 지름의 혈액 방울이 날아오면 혈흔 타원의 긴 지름의 길이는 6 mm가 되겠죠. 30°의 충돌 각도에서는 긴 지름이 항상 짧은 지름의 두 배 비율이 됩니다. 충돌 각도별로 짧은 지름과 긴 지름의 비율은 수학적으로 계산할 수 있어요. 우리 책에는 이미 모두 계산해 놓았어요. 우리 친구들은 계산기로 긴 지름 분의 짧은 지름(짧은 지름 나누기 긴 지름)을 계산해서, 그 값에 해당되는 충돌 각도만 표에서 찾으면 되지요.

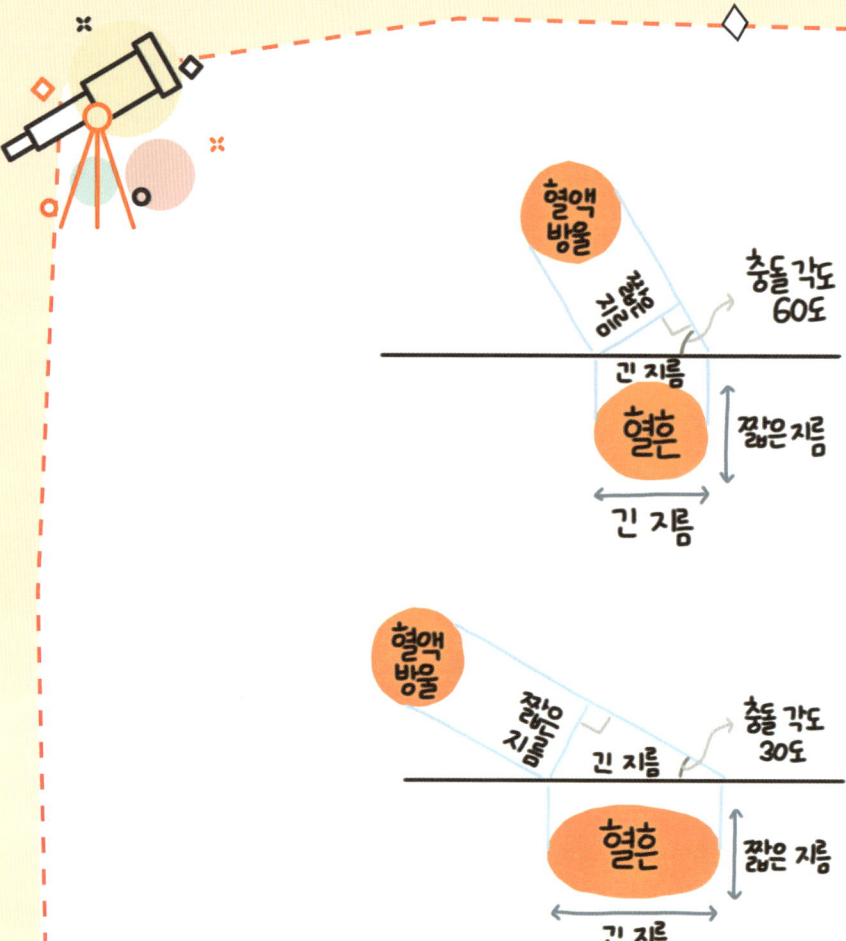

 **혈흔 형태 분석을 통해 알 수 있는 내용에는 어떤 것이 있을까요?**

　혈액 흔적을 분석하면 굉장히 다양한 것을 알 수 있어요. 먼저 꼬리나 돌기의 방향을 통해 혈액이 이동한 방향을 알 수 있어요. 그리고 타원의 모양을 보고 충돌 각도를 알 수 있죠. 여러 혈흔들의 충돌 각도를 종합해 보면 공간의 어느 지점에서 핏방울이 날아왔는지, 즉 발혈점을 알 수도 있어요. 또한 힘이 가해진 방향이나 횟수, 범행 도구의 추정도 가능해요. 또 출혈이 있는 동안의 사람이나 물건의 움직임을 추정할 수도 있어요. 이런 현장에서의 행위 추정은 그 순서도 추정할 수 있기 때문에 혈흔 형태 분석을 통해 알게 된 내용들을 종합해서 사건을 재구성할 수 있답니다.

두근두근! 실제 현장을 잡아라!

혈흔 분석으로 해결한 최초의 사건, 사주리 사건

2012년 4월 19일 새벽, 경상남도 사천군 사주리에서 살인사건이 있었어요. 3명의 소꿉친구 중 선배였던 최 씨가 사망했고 나머지 두 명이 사건 현장 주변에서 바로 붙잡혔지요.

사건 당일, 조 씨가 38만 원을 갚지 않은 최 씨에게 원한을 품고 최 씨의 집을 찾아갔다고 해요. 이때 강 씨도 따라갔지요. 강 씨와 조 씨 모두 경찰에 붙잡혔을 당시 최 씨의 피가 몸에 묻어 있었어요. 또 강 씨와 조 씨의 머리카락과 지문 등이 최 씨의 집에서 발견되며 사건은 금방 해결될 것으로 보였어요.

그런데 두 사람이 경찰서에서 사건에 대해 이야기하는 과정에서 문제가 생겼어요. 두 사람은 서로 다른 주장을 했어요. 서로가 칼을 쥐었던 것은 인정했지만 누구도 최 씨를 죽였다고 인정하지 않았어요. 안타깝게도 이 사건이 일어났을 때 목격자도 없었고 CCTV도 없었어요. 경찰은 누가 옳은 말을 했는지를 밝히지 못했어요.

경찰은 이 상황을 어떻게 해결했을까요? 두 사람을 모두 공범으로 판단하고 둘 다 똑같이 살인죄로 처벌을 하면 될까요? 그럴 수는 없어요. 그러면 억울한 사람이 생길 수도 있잖아요? 경찰은 이때 우리나라 최초로 새로운 증거 분석 방법을 도입하였어요. 바로 혈흔 분석이에요.

혈흔 분석 결과 최 씨의 집에 있던 수많은 혈흔 중 벽에 있던 휘두름 이탈 혈흔을 분석하여 조 씨의 진술이 거짓이었음을 알아냈어요. 그리고 결정적으로 조 씨의 티셔츠에 있던 호기 혈흔을 통해 조 씨는 살인죄로 17년형, 강 씨는 살인 공모죄로 10년형을 선고받았다고 해요. 사주리 사건은 우리나라에서 혈흔 분석을 통해 해결한 최초의 사건이에요.

― 출처 인용 **SBS 그것이 알고 싶다 920회 (사주리의 핏자국 - 혈흔의 증언)**

***호기 혈흔** 기침하듯이 내뱉은 혈흔의 형태를 말해요.

초등 교과서 과학 실험
과학 수사 ❷

1판 1쇄 펴냄 | 2022년 2월 25일

글 | 국립과천과학관 이영주·조현진·한도욱
그림 | 김재희
발행인 | 김병준
편집 | 박유진
마케팅 | 정현우·차현지
디자인 | 여YEO디자인
발행처 | 상상아카데미

등록 | 2010. 3. 11. 제313-2010-77호
주소 | 서울시 마포구 독막로6길 11, 우대빌딩 2, 3층
전화 | 02-6953-8343(편집), 02-6925-4188(영업)
팩스 | 02-6925-4182
전자우편 | main@sangsangaca.com
홈페이지 | http://sangsangaca.com

ISBN 979-11-85402-54-3 (74400)
 979-11-85402-52-9 (74400)(세트)

잘못 만들어진 책은 구입하신 서점에서 교환해 드립니다.